Cómo Detenerse Para La Policía

Reconectando a La Policía con la Comunidad

Cómo Detenerse Para

La Policía

Reconectando a La Policía con la Comunidad

Alguacil Hubert A. Peterkin

Ex-presidente de la Asociación de Alguaciles de Carolina del Norte

Cabeza administrativa de la Junta Ejecutiva de la Asociación de

Aguaciles de Carolina del Norte.

Traducido al español.

Impreso en Los Estados Unidos de America.

Primera impresión,

ISBN-13: 978-1-947656-57-4

ISBN10: 1947656570

the Butterfly Typeface

The Butterfly Typeface Publishing
PO BOX 56193
Little Rock Arkansas 72215
www.butterflytypeface.com
info@butterflytypeface.com

Dedicatoria

Le dedico este libro a mi primer amor, mi realmente primer amor. Cuando conocí a esta mujer mientras ella me sonreía, supe sin lugar a dudas que había entrado en una relación de amor que duraría toda la vida. Ella fue la primera mujer que me tocó, me abrazó y me dio mi primer beso. Nadie olvida ese primer abrazo y beso.

En una relación todos necesitamos a esa persona especial que se preocupa verdaderamente y lo da todo desinteresadamente.

Al igual que en cualquier relación, mi primer amor y yo tuvimos nuestros momentos de tensión en los que la comunicación se rompió e incluso a veces la confianza, pero ella nunca dejó de quererme. Muchas veces le expresé mis metas y mis sueños y ella me animaba a seguir adelante para dar lo mejor de mí.

Es extraño estar casado y encontrar tiempo para escabullirse y pasar tiempo con esa primera persona especial que te amaba y te ama incondicionalmente. Espero que aquellos que lean este libro me puedan perdonar por amar a otra mujer y si no pueden, por favor no me juzguen porque todos nosotros hemos hecho o estamos haciendo lo mismo que yo hago y eso es amar a nuestra madre.

Entonces, sin dudarlo, le dedico este libro a la primera mujer que amé, mi mamá de 77 años, la Sra. Onnie B. Peterkin.

"Preservemos Nuestra Vida"

¡La regla número uno, es que todos volvamos a casa de forma segura después de una parada de tráfico!

Hubert A. Peterkin

Tabla de contenido

Preámbulo 13

Reconocimientos 17

Prólogo 21

Introducción 26

Capítulo Uno 29

¿Por qué es importante la ética? 29

Capítulo Dos 37

Supervisión y Responsabilidad 37

Capítulo Tres 57

Vigilancia Comunitaria 57

Capítulo Cuatro 67

Entrenamiento Policial 67

Capítulo Cinco 77

Sospecha razonable y causa probable para
detener su automóvil 77

Capítulo Seis.. 87

Requisas con arresto y Decomisos (Requisas de Vehículos).. 87

Capítulo Siete 99

Perfil Basado en Prejuicio (Perfil Racial).......... 99

Capítulo Ocho.. 111

Cómo Detenerse Para La Policía (Paso a Paso) 111

Capítulo Nueve 123

Cómo Presentar una Queja......................... 123

Preguntas y respuestas frecuentes 127

Conclusión... 135

Hubert A. Peterkin: 143

La Historia Sin Contar Y 143

Cómo se Hizo Un Oficial............................. 143

Acerca del Autor 161

Referencias 171

Preámbulo

He conocido personalmente y profesionalmente al Alguacil Peterkin por muchos años. Cuando fui elegido Alguacil del condado de Richmond en el 2010, Pete fue asignado por la Asociación de Alguaciles de Carolina del Norte para que me asesorara como nuevo Alguacil. El vínculo entre nosotros fue mágico.

El Alguacil Peterkin es un oficial experimentado, líder y un reconocido profesional con más de 30 años en su carrera de oficial de la ley. Con mucha pasión, recientemente me expresó que estaba escribiendo un libro titulado, "Como detenerse para La Policía" Inmediatamente me di cuenta de la necesidad de la información y el contenido que tiene este libro. Este libro a diferencia de libros similares, se dirige a personas de todas las culturas, estatos sociales y edades.

El Alguacil Peterkin captura la imaginación y preocupaciones que escuchamos y leemos sobre las comunidades a las que servimos. A menudo les digo a otros líderes oficiales de la ley que el **Miedo es real.** Restaurar la confianza del público es un problema inminente en el estado de Carolina del Norte y en otros estados. Urge que los oficiales de la ley y la comunidad vuelvan a encontrar un punto de unión en lo que se refiere a las paradas de tráfico. Pete recuerda a todos los oficiales encargados de hacer cumplir la ley lo que representan y cuán importante es la responsabilidad de capacitación y concentrarse en la ética, la integridad y simplemente hacer lo correcto en una parada de tráfico de rutina esto podría evitar una lesión grave o un desenlace fatal.

Además de esto, el enfatiza la importancia del respeto y la cooperación de la comunidad cuando un oficial los para. En este libro aprenderá lo que se espera de usted cuando lo detengan y comprenderá qué debe esperar de un oficial. Con ejemplos dados Peterkin reflexiona sobreincidentes reales y les da a los oficiales de la ley y a la comunidad un mensaje positivo para asegurar un resultado positivo sea como sea. Como el Alguacil Elegido del Condado de Richmond y el Primer Vicepresidente de la Asociación del Alguaciles de Carolina del Norte, veo este libro titulado "Como Detenerse Para La Policía" como una herramienta para guiar, aprender y enseñar a todos los lectores, organizaciones, iglesias, escuelas, universidades y enseñanza de nuevos conductores. Este libro discutirá la perspectiva del Alguacil Peterkin y satisface su objetivo de recuperar la confianza del público y reunir a las fuerzas del orden público y la comunidad.

Alguacil James E. Clemons Jr.

Reconocimientos

Este libro no podría haber sido escrito sin la ayuda y el consejo de muchas personas. Primero quiero comenzar con el apoyo de mi familia. Quiero agradecerle a mi esposa Della, que leyó mis borradores, corrigió mis fallas, comentó en las fotos y me animó a escribir este libro.

Quiero agradecer a mi sobrino Aaron Lide Jr. por su valioso aporte, ideas y motivación. Quiero expresar mi agradecimiento a los siguientes profesionales quienes me brindaron una ayuda invaluable:

Primero al Teniente Mark Caskey quien es el Coordinador de Entrenamiento y el Teniente de Patrulla de la Oficina del Alguacil del Condado de Hoke. Mark me prestó toda su atención y me mando por la dirección correcta.

En segundo lugar, quiero agradecer a la Sra. Thomasema Pannell por sus valiosos consejos y aportes. Thomasema es la escritora y autora de "Denton Place Tables Turned" (Libros 1 y 2).

También quiero agradecer al Alguacil del Condado de Richmond, James E. Clemmons, por su apoyo y amistad, y al Alguacil del Condado de Rockingham, Sam Page, por darme más información sobre las preocupaciones e iniciativas gubernamentales.

Quiero agradecer a los oficiales de la ley de carrera y mentores personales:

Oficiales de la ley:

Dr. Sam Pearson (Teniente retirado, del Departamento de Policía de Fayetteville), Gary Porter (Ex-Investigador y Oficial de

Capacitación del Departamento de Policía de Fayetteville), y Ron Snyder, (Teniente Retirado del Departamento de Policía de Fayetteville)

Mentores personales:

Dr. Milton H. Williams Sr. que ha inspirado mi vida desde la infancia, el Sr. Parnell Miles, quien fue mi consejero, mentor y amigo de toda la vida. El fallecido Stan Callender Sr. uno de los mejores entrenadores de baloncesto del Condado de Hoke de todos los tiempos, el fallecido Sr. Raz Autry quien fuese Superintendente de las Escuelas del Condado de Hoke y fue mi Manejador de Campaña, el Sr. Don Steed, ex-Superintendente de las Escuelas del Condado de Hoke y mi actual Gerente de Campaña, y el fallecido Bob Gentry, Ex -Alcalde de Raeford, y amigo de toda la vida.

Un agradecimiento muy especial a mi maravilloso Pastor El Reverendo Dr. Christopher Stackhouse Sr. por sus oraciones y guía espiritual durante todo el proceso de escritura y a la Supervisora Artie McPhatter quien como una madre, siempre se ha preocupado y ha orado por mí y sobre todo, ha bendecido este libro desde el principio, mientras yo lo escribía.

Prólogo

Recordando mi carrera como oficial de patrulla, recuerdo el suspiro de alivio de una víctima cuando yo llegaba a la escena de una situación hostil.

Hubo un gran aprecio por lo que representaba el hombre o la mujer detrás del uniforme y nuestra presencia fue bienvenida con los brazos abiertos y con mucha confianza. La comunicación entre la comunidad y los oficiales fue abierta y respetuosa incluso durante las paradas de tráfico.

Hoy en el siglo XXI hay una gran desconexión entre las fuerzas del orden y la comunidad. Hay tiroteos constantes que involucran a policías que les disparan a personas o personas que le disparan a los policías, especialmente cuando se hacen paradas de tráfico.

Muchas de estas paradas de tráfico involucran a policías blancos que disparan a hombres negros o altercados entre oficiales y hombres negros que resultan en lesiones inexplicables o muertes, esto a través de todos los Estados Unidos.

Quiero dejar una cosa en claro mientras escribo este libro; el único lado del que estoy, es el lado de lo correcto y no lo erróneo.

Gran parte del contenido de este libro se basa en más de 30 años de experiencia, que consisten en mí capacitación, observación, manejo, dirección, liderazgo y mi opinión. Cada persona tiene una.

Hay circunstancias en las que, en mi opinión, los oficiales se equivocaron en sus acciones y han habido circunstancias en las que la persona perseguida es la estaba equivocada o las acciones tanto del oficial como del conductor provocaron lesiones inesperadas o un desenlace fatal.

No se arregla un error cometiendo otro.

Hay una cosa que sé que es cierta y es que los agentes del orden público necesitan a la comunidad y la comunidad necesita a los oficiales de la ley. En resumen, lo correcto es lo correcto y al final del día simplemente nos necesitamos los uno a los otros.

Entonces, la pregunta sería ¿Cómo solucionamos esta grave desconexión entre la policía y la comunidad de hoy? ¿Cómo podemos nosotros como agentes de la ley y el orden restaurar la confianza del público?

Yo creo que hasta que el juego de buscar un culpable haya cambiado, el señalamientos de dedos se hayan detenido, y haya una voluntad de sentarse seriamente en la mesa para hablar, planear, educar y diseñar estrategias con todas las personas necesarias, este problema continuará acrecentándose.

Cada situación que estamos leyendo o viendo en televisión generalmente comienza cuando un policía detiene a una persona, ya sea en automóvil o un acercamiento cara a cara. Creo que si el policía y el conductor hacen lo correcto durante una parada de tráfico, el resultado final sería totalmente diferente de la mayoría de las historias tristes que estamos leyendo hoy.

Este libro, "Cómo Detenerse Para La Policía" se compone de una guía paso a paso sobre cómo detenerse para los oficiales durante una parada e información sobre seguridad pública todo esto con la intención de volver a conectar a todas las fuerzas del orden público y la comunidad con un mensaje definido para cada uno a lo largo del libro.

Introducción

Cuando tenía seis años, yo estaba acostado en el sofá justo antes de las 11 PM y mi madre vino a despertarme para que me fuera a la cama. Cuando me senté en el sofá, la televisión seguía encendida y estaban en las noticias. Acababan de anunciar que el Dr. Martin Luther King Jr. había sido asesinado. La transmisión comenzó a mostrar todas las grandes cosas que él había hecho y cómo había ayudado a tanta gente de la raza negra, como a personas de otras culturas mientras luchaba por la igualdad. Podía escuchar a mi madre y a mi padre hablando con gran preocupación y dolor por lo que acababa de suceder. Recuerdo haberle preguntado a mi madre por qué alguien querría matar a este hombre si él había hecho tanto bien y ella me dijo que hay muchas personas malas en el mundo que hacen cosas malas. También recuerdo desear que yo hubiese podido haber hecho algo para ayudarlo y yo solo tenía seis años. Pensé en qué maravilloso sería poder ayudar a aquellos que necesitaban ayuda para liberarse de los malos. Para cuando llegue a los diez años, ya yo había decidido que quería ser policía. Todos los días soñaba con salvar vidas y proteger a las personas y le decía a mi madre muchas veces una y otra vez que algún día sería policía y aunque ella hizo todo lo posible para desanimarme porque tenía miedo que me pasara algo, ella sabía en el fondo que algún día esa sería mi vocación.

Hoy, mientras escribo este libro "Cómo Detenerse Para La Policía", ya llevo más de 30 años prestando servicio como oficial de la ley. Así como algún día soñé que lo haría. **Siempre consideré a los policías como los buenos, cuidando a la gente, protegiendo a la gente, siendo amables, amando a las** personas y mostrando a los ciudadanos que protegemos que estamos allí para ellos sin importar nada, sin prejuicios, discriminación o miedo.

En mi mente, somos como hermanos y hermanas luchando contra el crimen, amándonos unos a otros **mientras ponemos nuestras vidas en peligro para hacer lo que se necesita y lo que es correcto todo el tiempo.**

Capítulo Uno

¿Por qué es importante la ética?

La profesión de oficiales de la ley ha sido tradicionalmente vista como una profesión sólida. Nuestra comunidad mantiene a los oficiales de la ley a un nivel muy alto y espera que los líderes y funcionarios demuestren siempre una conducta moral y correcta. Debo recordarles a los ciudadanos que los oficiales también son humanos y que enfrentan las mismas debilidades y emociones que cualquier otra persona. En la mayor parte, las recomendaciones y referencias del público en general ayudan con el proceso de selección, pero esto no es una excusa para que los oficiales no se mantengan enfocados o bajen la guardia. La función principal de los oficiales de la ley es mantener la ley y el orden en su jurisdicción asignada. Además de esto, los agentes de policía son los primeros en responder en una situación criminal y deben decidir si es necesario un arresto. Usar discreción no es un proceso nuevo y en algunas situaciones como las paradas de tráfico estos oficiales pueden usar discreción en cómo manejar a los conductores durante la parada. Los oficiales han utilizado la decisión de acusar o hacer un arresto durante muchos años, sin embargo, desde que se establecieron las leyes de discreción, se han generado muchas preguntas y preocupaciones sobre la ética y la moral en la toma de decisiones. Cada oficial de la ley hace un juramento de jurar o afirmar. En el juramento promete compromiso y dedicación a los ciudadanos que sirven y a hacer cumplir las leyes de Carolina del Norte o el estado o jurisdicción en el que se encuentran.

Los oficiales deben recordar su juramento y comprender el significado de su juramento desde el primer día en el trabajo. Acoger con ética la carrera de oficiales de la ley, lleva a los oficiales a hacer siempre lo correcto y a mostrar una actitud profesional y correcta, necesaria para proteger y servir a los ciudadanos en la comunidad, independientemente de su estatus o cultura.

Por último, siempre aliento a los oficiales a que de vez en cuando hagan un inventario personal de autoevaluación de su propia ética. Esto les dará una mejor conciencia de su propia posición moral, así podrán tener en cuenta esta información cuando se les presenten problemas, especialmente durante una parada de tráfico.

Juramento de los oficiales: Diputado del Alguacil Condado de Hoke

"Yo, _____, (juro) (o afirmo) solemnemente que apoyaré y mantendré la Constitución y las leyes de los Estados Unidos, y la Constitución y las leyes de Carolina del Norte sin inconsistencia con eso, y que cumpliré fielmente los deberes de mi cargo como Diputado del Alguacil, así que ayúdame Dios."

"Yo, _____, juro o afirmo solemne y sinceramente que apoyaré la Constitución de los Estados Unidos; que seré fiel y le tendré verdadera lealtad al Estado de Carolina del Norte y a los poderes y autoridades constitucionales que están establecidas o puedan establecerse para el gobierno de este país; y me esforzaré por apoyar, mantener y defender la Constitución de dicho Estado, sin inconsistencia con la Constitución de los Estados Unidos, según mi mejor habilidad y conocimiento; así que ayúdame a Dios."

"Yo, _____, juro solemnemente (o afirmo) que estaré alerta y vigilante para hacer cumplir las leyes penales de este Estado; que no seré influenciado de ninguna manera a causa de prejuicios o prejuicios personales; que ejecutaré fiel e imparcialmente los deberes de mi cargo como oficial de la ley de acuerdo con lo mejor de mis habilidades, destreza y criterio; así que ayúdame, Dios."

_____

Diputado Del Alguacil

Reflexión: Durante mi primer año como oficial de la ley en el Departamento de Policía de Fayetteville estaba patrullando una de las calles de la ciudad. Cuando me acerqué a una luz amarilla de advertencia, de repente golpeé el automóvil que tenía delante de mí por detrás. Salté rápidamente y corrí hacia la ventana del conductor. ¿Está bien, señor? Pregunte.

El caballero ya de edad avanzada dijo sí, **creo que sí**. Lo miré y le dije que su auto también se veía bien. Volví a mi coche y abandoné el lugar. Me guardé el accidente entre la patrulla y las nubes de arriba. Dos semanas después, el teniente Clarence Ware, que era el Comandante de turno, me llamó a su oficina. Él me mira y me dice: ¿Peterkin tuvo usted un accidente hace unas semanas y no lo informó?

Quede boquiabierto.

Él inmediatamente me dice que por favor no le mienta. Peterkin piense en lo que va a decir antes de decirlo. Lo confesé. Rápidamente me informó que no seguí la política de accidentes y me dijo que había recibido una queja y que estaba bajo investigación por no informar el accidente.

Recibí una amonestación por escrito y luego fui puesto en empleo condicional por seis meses, lo que significaba la terminación si ocurría otro incidente durante ese período de tiempo.

Mis acciones no fueron éticas porque no hice lo correcto al no reportar una violación de la política del departamento.

Mensaje a la policía: Siempre haga lo correcto, especialmente cuando sabemos que es mejor. Recuerde que vivimos en una pecera y todos los ojos están puestos en nosotros. Cuando estamos en la calle, nunca piense que lo que hacemos mal no nos alcanzará, créame que lo hará. Como solía decir mi madre, lo que haces en la oscuridad siempre saldrá a la luz.

Mensaje a la comunidad: Le pido humildemente a nuestra comunidad que siempre use el sistema de quejas cuando crea que un oficial ha hecho mal. Puedo asegurarle que el liderazgo y comando superior quiere lo mejor para usted y no tolerará el comportamiento anti ético de los oficiales. Es posible que el proceso no se mueva tan rápido como usted lo desea, pero al final dará buenos resultados.

Capítulo Dos

Supervisión y Responsabilidad

En este capítulo, cuando pienso en la supervisión y la rendición de cuentas, hay una frase que me viene a la mente y es **que todo comienza desde arriba**. En mi opinión, no hay manera de que todo salga como debe y se haga lo mejor que se pueda sin la supervisión adecuada. En el negocio del cumplimiento de la ley siempre hay una persona o un oficial de alto rango que está a cargo de supervisar. Es importante que los líderes se rodeen de otros administradores o supervisores competentes que puedan garantizar que todo se esté haciendo correctamente y se maneje de una manera adecuada. A lo largo de la organización, la ética, la moral, los valores y la integridad son necesarios y deben mantenerse.

Cada agencia del cumplimiento de la ley, ya sea local o estatal, se rige por un conjunto de normas y procedimientos que deben actualizarse frecuentemente para estar de acuerdo con el estado. Las leyes pueden cambiar. Créanme, ellas cambian.

Lo que aprendí como líder de la oficina y Alguacil administrador, sin importar cuántas reglas y regulaciones o políticas y procedimientos aprenda, enseñe o suministre a sus oficiales no es suficiente para superar los desafíos de la desconfianza, la aversión y la falta de respuestas a las preguntas que nuestra comunidad tiene. Creo que todos los líderes de las organizaciones ahora deben encontrar el tiempo para ponerse frente a sus oficiales y a su personal para hablarles sobre la importancia de hacer lo correcto todo el tiempo y ser cordial en lo que respecta a la comunidad. He encontrado que esto es estimulante y gratificante al final.

Cuando comencé mi carrera en 1987, las fuerzas del orden se centraron más en abordar la relación entre ellos y los niños. Esto fue para asegurar que los niños crecieran sabiendo que podían confiar en la policía y no tener miedo de los oficiales cuando los veían. Los organismos encargados de hacer cumplir la ley comenzaron a invertir en libros para colorear, lápices, insignias adhesivas y todo tipo de regalitos para los niños con la esperanza de ganarse su confianza. Mejor conocido como oficial amigo y funcionó. Hoy nos enfrentamos a un desafío diferente. El público al que ahora debemos dirigirnos y que no logramos conquistar con las cosas que hicimos anteriormente son los adultos de la comunidad, conductores adolescentes y conductores adultos.

Como supervisores oficiales de la ley, debemos asegurarnos de que sea cual sea el procedimiento o política que

tenemos establecidos, hay una manera de medir la efectividad de nuestros deberes y no podemos hacerlo correctamente si solo escuchamos un lado de la historia o creemos en todo lo que nuestros oficiales dicen o hacen.

No tengo dudas en mi mente con más de 30 años en este negocio que la mayoría de los oficiales y supervisores en esta profesión se sienten de la misma manera que yo y están tomando las medidas necesarias para hacer que su personal rinda cuentas. Con la tecnología actual, como el audio y el video en los carros, sistemas de cámaras corporales en los oficiales, en el campo conocidos como primeros respondedores, se les puede responsabilizar más por sus acciones y también por los ciudadanos. Casi todas las agencias de la ley, grandes y pequeñas, tienen un estándar profesional o una división de asuntos internos que investiga todas las quejas o denuncias de actos incorrectos que involucran a un oficial.

La pregunta que siempre hago durante una entrevista para contratar nuevos oficiales es "¿Por qué quieren hacer este trabajo?" Esta es una pregunta muy importante porque si no está en el negocio del cumplimiento de la ley para proteger, servir y hacer cumplir la ley, entonces usted está absolutamente en la entrevista equivocada. A menudo les digo a mis oficiales que si tienen prejuicios y estereotipos de prejuicio que los harán ser injustos o poco éticos con aquellos que puedan encontrar durante las paradas de tráfico o cualquier forma de encuentro con la gente entonces por favor encuentre otro trabajo. ¡Este trabajo no es para usted! **La buena supervisión y la responsabilidad no están en el asunto de encubrir u ocultar acciones incorrectas de un oficial.**

El liderazgo ha sido ampliamente estudiado durante un largo período de tiempo, sin embargo, sigue siendo un fenómeno difícil de entender y desarrollar. Muchas teorías de liderazgo compuestas a lo largo de los años han influido en los modelos de liderazgo diseñados para ayudar a los líderes en todas las profesiones. Los líderes deben comprender las teorías y los modelos para ser más efectivos en su liderazgo. Las estructuras organizacionales de las agencias de la ley, grandes y pequeñas, han colocado a todos los supervisores independientemente de su rango en algún tipo de rol de liderazgo. Cada función incluye niveles de responsabilidad que involucran directamente a los ciudadanos o a los oficiales.

La mayoría de las comunidades se han diversificado y los residentes de todas las culturas solicitan que las agencias encargadas de hacer cumplir la ley reflejen lo mismo. Los líderes del cumplimiento de la ley deben entender los diferentes modelos de liderazgo y ser capaces de aplicar lo que han aprendido en el lugar de trabajo. El liderazgo debe ser observable y consistente a nivel personal y profesional. Como líderes, siempre debemos recordar que el liderazgo es un conjunto observable de habilidades y habilidades que se puede aprender. **Como líderes, establezcamos el escenario y lideremos con el ejemplo.**

La profesión del cumplimiento de la ley de hoy en día no es la misma profesión que hace 30 años. A medida que el tiempo cambia y los desafíos se vuelven más exigentes, los líderes y los oficiales deben mejorar y evolucionar especialmente durante las paradas de tráfico. Hoy en día durante las paradas de tráfico, nunca sabemos con qué nos toparemos, pero independientemente, como agentes del orden público queremos estar absolutamente seguros de que estamos protegidos, pero también ser profesionales en todos los sentidos. **Los líderes deben mantenerse enfocados y a la vez tomar las decisiones y decisiones necesarias para proteger a los ciudadanos, la calidad de vida y las personas a quienes servimos dentro de la comunidad.**

Los nuevos oficiales encargados de hacer cumplir la ley deben socializar en la profesión del cumplimiento de la ley y siempre tener en cuenta los parámetros establecidos por el *Código de Ética* y recordar los compromisos asumidos mediante su juramento.

Reflexión: en el transcurso de mi carrera he trabajado con oficiales, conocido oficiales y supervisado oficiales en uniforme que **mostraron actitudes de arrogancia, control y una mentalidad de atraparlos a todos y encerrarlos a todos.** Esto sucedió bajo mi supervisión y el racismo estuvo involucrado por oficiales blancos y negros. Sí, lo dije y no estoy orgulloso de ello, pero lo mantengo real y ¡ya no tienen trabajo! Cada llamada a la que iban a atender o cada parada de tráfico por lo general terminaba en una pelea o enfrentamiento. ¡Guauu! Desafortunadamente, este tipo de oficial todavía existe hoy en nuestra profesión y debe eliminarse. El control de redondeo no puede deshacerse de este problema. **Como ya señalé en este libro, todo comienza por la parte superior. Los supervisores y gerentes, cuando vemos humo, tenemos que buscar el fuego y apagarlo de inmediato**, o debo aclararlo, sacar al oficial, porque hay problemas en el ¡camino! Este oficial es titular y no se percibirá bien. Debemos prestar atención a las señales de advertencia. He aconsejado, disciplinado, evaluado y despedido oficiales con un patrón de mal humor constante que consistía en estas actitudes y tanto los supervisores como yo seguimos atentos a ello. Debemos mirar y detectar las banderas rojas. Hay suficientes actitudes negativas en la comunidad y en las calles, y no queremos ser la chispa o encender la llama.

Mensaje para los oficiales: **Los líderes y supervisores, por favor, presten atención a los avisos que promueven aportaciones negativas consistentes con actitudes negativas una y otra vez, especialmente durante las paradas de tráfico.** Si se encuentra continuamente investigando quejas sobre un oficial por esto, no lo ignore. Hay formas de tratar el problema para ayudar al oficial si el problema existe, como asesoramiento profesional y manejo de la ira, pero **cuando todo lo demás falla, este trabajo puede no ser para él.**

Mensaje a la comunidad: Primero, permítanme decirles a nuestras comunidades que hoy se necesita una relación positiva entre la policía y la comunidad más que nunca. Nuestro objetivo como líderes y oficiales es garantizar primero su seguridad, pero en realidad nuestra fortaleza proviene de saber que somos aceptados y amados por aquellos a quienes servimos y que a menudo se nos recuerda esto.

Con respecto a los oficiales que pueden mostrar todos los aspectos negativos mencionados, es imprescindible que se mantengan firmes y no participen negativamente. Repórtelo una y otra vez hasta que reciba un poco de atención. Cada vez que un oficial es investigado por un comportamiento negativo, sus superiores lo deben documentar y colocar en su archivo de personal. No se diga a sí mismo que no servirá de nada denunciarlo. Lo he escuchado muchas veces y esto no es cierto.

Práctica y procedimiento de liderazgo

La necesidad de que los líderes de las fuerzas del orden público se aseguren de que los oficiales puedan utilizar un buen juicio profesional durante las paradas de tráfico y las circunstancias especiales mientras minimizan los riesgos de parcialidad o abuso es esencial. La fuerza de las políticas de las agencias de la ley sigue vigente, pero los líderes deben manejar dichas políticas de manera flexible para permitir que los oficiales de la ley den cuenta de situaciones únicas e inesperadas durante una parada de tráfico. Básicamente, durante las paradas de tráfico, el oficial necesita simplemente pensar fuera de la caja y tal vez utilizar un poco de discreción que posiblemente podría evitar enfrentamientos innecesarios que pueden conducir a problemas no deseados. Independientemente del estilo de liderazgo, tanto la integridad como el conocimiento son necesarios para un desempeño eficaz. Como dije anteriormente, tener políticas y procedimientos está bien, pero hoy realmente creo que los líderes deben encontrar tiempo de calidad para hablar y comunicarse con sus gerentes así como con sus oficiales para reiterar los problemas, las inquietudes, las cosas que no se deben hacer

¡Es un requisito!

Integridad

La integridad y el conocimiento son un proceso humano dinámico de justificación de la creencia personal hacia la verdad, información o acciones tomadas, especialmente cuando un oficial ejecuta sus deberes durante una parada de tráfico. Créame, esta es una gran responsabilidad. Como se dijo, los líderes deben liderar a los oficiales que supervisan con el ejemplo.

La integridad es muy importante en el cumplimiento de la ley, especialmente cuando se aplica al liderazgo. La integridad se identifica como una de las características del liderazgo efectivo relacionado con niveles más altos de motivación y producción por parte de los funcionarios que ellos administran y dirigen. La integridad y el conocimiento forman un proceso humano dinámico que justifica la creencia personal hacia la verdad o la información expresada.

En la profesión del cumplimiento de la ley, los líderes y los oficiales no pueden poner en peligro la confianza de los demás. Debemos enfocarnos y asegurarnos de que la integridad de nuestras obligaciones de hacer cumplir la ley no dependa de nuestras creencias individuales, sino de una combinación de capacitación, hacer cumplir las leyes de acuerdo con la ley y hacer lo correcto todo el tiempo. Los oficiales deben continuar aumentando el conocimiento individual, la investigación y la capacitación.

Desarrollar la confianza entre los empleados y los ciudadanos requiere que los líderes demuestren comportamientos que muestren integridad y consistencia de control. Los líderes que poseen atributos personales como integridad, honestidad y confiabilidad se alinean con el carácter moral, personal inspirador y personas que sirven en la comunidad, particularmente cuando interactúan con ellos durante una parada de tráfico. Dicha ética y confiabilidad consisten en liderar con buen ejemplo, la credibilidad, la previsibilidad y la coherencia, incluyendo el respeto y la preocupación por todos los ciudadanos y permitir que los ciudadanos expresen respetuosamente las cuestiones y preocupaciones durante la parada del tráfico. Las expresiones deben ser muy mínimas y no confrontativas. Si un conductor tiene una queja, infórmele sobre el proceso formal de quejas.

Inteligencia emocional de los agentes del orden público

En investigaciones de los oficiales de la ley y el liderazgo se han incluido teorías relacionadas con la inteligencia emocional. La inteligencia emocional es un conjunto de capacidades múltiples para percibir, gestionar, juzgar y evaluar las emociones de uno mismo y de otras personas; optimizar el potencial y el rendimiento personal; gestionar las relaciones; desarrollar conciencia social, económica y política; mejorar la comprensión social y la sociabilidad. La inteligencia emocional es la capacidad de controlar los propios sentimientos y las emociones de los demás, diferenciarlos y permitir que la información guíe el pensamiento y las acciones.

En el cumplimiento de la ley, otro aspecto de la inteligencia emocional es la discreción. Los oficiales que se centran en los sentimientos más íntimos personales cuando responden a llamadas o realizan paradas de tráfico tienden a ejercer discreción para garantizar el mejor resultado posible de la situación para así eliminar las orientaciones personales. La inteligencia emocional se enfoca en diferenciar entre las emociones y usar las diferencias para redirigir el pensamiento y las acciones, permitiendo la resolución de problemas aprendiendo y lidiando con los sentimientos más agradables o desagradables que surgen en lugar de ignorar los sentimientos.

Con respecto a la revolución afectiva emergente en el entorno social y organizacional, los simpatizantes proponen la inteligencia emocional como un importante pronóstico de los resultados organizativos clave, incluida la satisfacción laboral. La evidencia sugiere que los oficiales tengan habilidades y atributos de inteligencia emocional que fomentan la satisfacción laboral, los empleadores deben seleccionar empleados para puestos o trabajos que exijan un alto grado de interacción social. **En el cumplimento de la ley, las agencias no deben ni pueden permitirse el lujo de contratar a oficiales con una cabeza candente, hambre de poder o cualquier persona que no comprenda la importancia y la necesidad de construir o mantener buenas relaciones con la comunidad.**

Cada situación de encuentros con la ley es diferente, incluidas las paradas de tráfico. Comprender la importancia de la inteligencia emocional puede eliminar la agresividad excesiva o la falta de cooperación de todas las personas involucradas.

Permítanme describir cuatro componentes principales asociados con la inteligencia emocional.

1. El primer componente es la **autoconciencia**, que implica la capacidad de los líderes y los oficiales en leer las emociones personales y los instintos para tomar decisiones.

2. El segundo componente es el **autocontrol**, la capacidad de controlar las emociones personales y adaptarse a los cambios según sea necesario, especialmente durante una parada de tráfico.

3. El tercer componente es la **conciencia social**, que requiere la capacidad no solo de comprender las emociones personales, sino también de reaccionar apropiadamente a las emociones de los demás dentro de los contextos sociales incluyendo paradas de tráfico.

4. El componente final es **el manejo de relaciones** o la capacidad de inspirar, influenciar y manifestarse a otros para promover un resultado positivo en cualquier situación incluyendo paradas de tráfico.

Capítulo Tres

Vigilancia Comunitaria

Ha habido numerosos tiroteos en todo el territorio de los Estados Unidos que han traído mucha controversia en todos los sentidos. La mayoría de los tiroteos han provocado violencia, disturbios, saqueos, emboscadas de oficiales y protestas.

Debo decir que me preocuparon las circunstancias que pueden haber llevado a la toma de decisiones del oficial y a veces, las acciones del conductor como las personas a las que se acercaron o persiguieron.

Como esta preocupación o problema parece estar creciendo cada día, una vez más debo decir que creo que nunca mejorará o desaparecerá mientras continúe el señalamiento de dedos entre la policía y la comunidad.

Tiene que haber una reunión de acuerdo mutuo o esta desconexión continuará.

Es hora de que los líderes de las agencias la ley, oficiales, líderes comunitarios, líderes de organizaciones, la comunidad de fe, pastores, conductores adolescentes, etc. se sienten y sean proactivos ante este problema y no solo reaccionen ante cada situación cuando ocurre.

En todo Estados Unidos, las agencias del cumplimiento de la ley han implementado programas que se conocen como policía comunitaria, una forma proactiva de reducir la delincuencia, minimizar los problemas y generar confianza pública.

Además, la policía comunitaria es una herramienta de lucha contra el crimen que se centra en reducir y resolver las crecientes tasas de criminalidad en toda la comunidad. Los programas de policía comunitaria se remontan a fines de los años 1700 originalmente diseñados y desarrollados por Robert Peel.

Peel creó el primer departamento de policía en Londres, Inglaterra, sobre la filosofía de la policía comunitaria. Peel creía que la policía y el público eran sinónimos, con la única diferencia de que los policías eran ciudadanos del público que recibían compensación por prestar atención a tiempo completo a los deberes, que incumbían a cada ciudadano en interés de la seguridad y existencia de la comunidad.

Las agencias de la ley son una extensión de la comunidad y los oficiales deben trabajar estrechamente con los ciudadanos. Todos los líderes comunitarios y todos los líderes dentro de la profesión policial necesitan identificar la raíz del problema en relación con los disparos de agentes involucrados durante las paradas de tráfico rutinarias y reconocer la necesidad de una vigilancia comunitaria con respecto a la desconfianza entre ellos y la comunidad. Después de que los funcionarios y los líderes identifiquen el problema, deben hacerse reuniones organizadas para comunicarse, compartir información, promover la unidad y desarrollar el trabajo en equipo, así como la autoconciencia y la motivación dentro de la profesión policial.

Las secciones internas de una organización, pequeña o grande, deben trabajar juntas de manera eficiente con respecto a la vigilancia comunitaria. Cualquier problema de desconfianza, hacia los oficiales de la ley o paradas de tráfico que afecte a una sección interna o externa de la organización también afecta a toda la organización y a otras agencias. Tales problemas pueden causar un cambio serio en el comportamiento de los ciudadanos dentro de una comunidad o estructura de la organización, creando dificultades para que la organización vuelva a la normalidad a los ojos del público.

Solo la interacción policial y la respuesta a la policía comunitaria limitan el desenlace de los resultados. En la mayoría de las organizaciones, la unidad, la participación de los empleados, la capacitación, las políticas de funcionamiento, la interacción comunitaria, las reuniones comunitarias y la doctrina sugieren que ser eficaz en una función promueve un resultado positivo en los deberes de los funcionarios y el tipo de relación que tendrán con las comunidades a servir. La vigilancia comunitaria y la cooperación con la comunidad se convierten en los puntos de referencia de un esfuerzo de equipo y construyen un compromiso al mezclar la gestión integral y el liderazgo con todas las partes involucradas.

Reflexión: Al principio de mi carrera tuve el honor de participar activamente en muchos programas comunitarios, como el Equipo de Intervención Familiar, Equipo de Mejoramiento del Vecindario, Programa de Puentes Comunitarios, Adoptar un Policía, Oficial de Recursos Escolares, La Banda de Policía Roll'RZ, Noticias de TV del Departamento de Policía de Fayetteville, Programas Juveniles en Riesgo, e incluso fui Investigador Juvenil. Aprendí a reconocer las necesidades, inquietudes y problemas de la comunidad al principio de mi carrera y vi cuál sería el impacto si las buenas relaciones con la comunidad estuvieran intactas. El Jefe Ron Hansen era el Jefe de la Policía durante ese tiempo y para él era de gran importancia las relaciones con la comunidad. El Jefe Hansen enfatizó la importancia de que los policías y la comunidad se lleven bien y ganen y retengan la confianza pública. Recuerdo que casi todos los oficiales de Patrulla el día de Acción de Gracias entregaban comidas a familias necesitadas. Ayudando con comidas que alimentarían hasta diez personas por familia. Durante la temporada navideña, familias eran adoptadas y los niños recibían juguetes y bicicletas. Qué sensación tan increíble fue compartir ese amor, lágrimas y confianza con la comunidad.

Mensaje a los oficiales de la ley: Todos los programas y cosas que mencioné en mi reflexión fueron muy reales y efectivos durante ese tiempo y hay agencias hoy que están haciendo algunas o todas estas cosas, pero una vez que nosotros, como oficiales, rompemos la confianza pública al mostrar actitudes negativas, la fuerza excesiva, el prejuicio racial y la brutalidad policial, este comportamiento poco ético ocupa el primer lugar en nuestra profesión y todo lo que una vez fue bueno se pierde.

Sí, sé que solo pueden ser pocos los oficiales que no cumplen con su deber, pero son muy pocos y deben identificarse y detenerse. Sé de primera mano hermano a hermano estos pocos malos oficiales a veces son notados entre sus compañeros oficiales, porque lo he visto y los he informado. Ahora te pido que hagas lo mismo. No vamos a sobrevivir si los buenos no se mantienen unidos.

Mensaje a la comunidad: 1. Permítanos continuar amándoles. 2. Permítanos continuar sirviéndoles. 3.Déjenos continuar protegiéndole. Los necesitamos. **Los agentes del orden público de todo el mundo eligen arriesgar sus vidas todos los días para hacer estas tres cosas y otras.**

El sueldo es bajo y la probabilidad de resultar herido o muerto es alta, pero aun así quieren servirle. Creo que juntos podemos fortalecernos si trabajamos juntos para identificar las soluciones correctas a los problemas que enfrentamos. Por favor, óigalo de un hombre que ha estado aquí por más de 30 años, no somos nosotros contra usted o usted contra nosotros.

Capítulo Cuatro

Entrenamiento Policial

Entrenamiento de Parada de Tráfico

Cuando los Oficiales pasan por BLET (Entrenamiento Básico de Cumplimiento de la Ley), solo reciben un mínimo de 24 horas de entrenamiento de paradas de tráfico que consiste en técnicas e instrucciones de patrullaje. En mi opinión, esto no es suficiente. Las agencias deben diseñar de forma independiente capacitación adicional para resolver los desafíos que enfrentamos hoy en las paradas de tráfico.

Hoy en día dentro de la profesión policial, los líderes y funcionarios se enfrentan a muchos desafíos inesperados. Debido a estos desafíos, se requiere mucha más capacitación. Incluso sugeriría capacitación obligatoria adicional en todo el estado que trate los problemas que enfrentamos hoy. Además de una gran capacitación, se necesitan muchos recursos, como tecnología, software y la alfabetización informacional, que mejorarán las habilidades y comprensión teórica diaria.

La alfabetización informacional se define como la habilidad de saber detectar cuándo se necesita información y la capacidad de localizar y evaluar la información. Durante muchos años, como los estudiantes universitarios, los líderes y las fuerzas del orden público han utilizado el método de lectura y escritura mientras realizaban investigaciones. Tener la alfabetización informacional y la tecnología para hacer el trabajo de manera efectiva es solo una pequeña porción del proceso. Es imperativo que los oficiales y líderes entiendan lo que está disponible a través de una capacitación adecuada y cómo aplicarlo. Usar esas computadoras, ¡no morderán!

La pregunta es: ¿Qué tiene que ver todo esto con una parada de tráfico? Buena pregunta. Con toda la desconfianza y la desconexión que enfrentan los oficiales de la ley hoy en día, los líderes de las agencias de la ley deben encontrar y usar lo que esté disponible para garantizar su seguridad y las personas involucradas durante un encuentro de parada de tráfico. Deben encontrar nuevas formas innovadoras de eliminar cualquier temor o posible estereotipo.

El entrenamiento en la alfabetización de informaciones requiere que los líderes y las fuerzas del orden público reconozcan cuándo se necesitan recursos. Para sentirse seguros, deben ubicar y evaluar los recursos y la información que contribuyen a tomar la decisión correcta. Todas las agencias de la ley desean producir agentes de la ley bien entrenados y calificados. Esto solo lo pueden lograr los líderes de la profesión dispuestos a integrar y fomentar la información y la reunión adecuada.

No trates de reinventar la rueda. La rueda ya está afuera, así que vaya a buscarla. Comuníquese con otras agencias para ver qué están haciendo y cómo. **Los oficiales de policía no están en una misión de búsqueda de la hoguera para herir, dañar, disparar o matar personas.** Durante la capacitación básica de la academia de policía y la capacitación anual, nuevas ideas innovadoras y tecnología debe estar fácilmente disponible, como la cámara corporal y los sistemas de cámara para el automóvil, etc., para que los alumnos se familiaricen con las nuevas posibilidades en el campo.

Sí, sé que el dinero y el presupuesto son un problema, pero pagamos ahora o más adelante o estaremos en una demanda importante por no ser productivos. La mayoría de los vehículos policiales están equipados con MDT (terminales de datos móviles). Esta pequeña computadora en la patrulla puede ayudar a informar desde el vehículo y ofrece toneladas de información valiosa sobre el automóvil o la persona involucrada durante una parada de tráfico. Una vez que se carga la información, el oficial puede tener un poco de tiempo para ver con qué se está enfrentando, tiempo para evaluar la toma de decisiones, uso de discreción y algo de tiempo para solicitar un refuerzo si es necesario.

La tecnología avanza a diario y esto ha puesto el mundo a los pies para los líderes del cumplimiento de la ley. La alfabetización informacional debe comenzar durante esas capacitaciones para mejorar las habilidades de investigación del oficial al principio de su carrera. La profesión policial requiere una capacitación anual del entrenamiento en servicio para poder ser competente. El entrenamiento en la alfabetización informacional debe formar parte de la capacitación anual del entrenamiento en servicio para garantizar que los oficiales no olviden fundamentos importantes que desempeñan un papel complicado en la seguridad de los oficiales, la seguridad pública y la recopilación de información vital.

Reflexión: Cuando era patrullero hice muchas paradas de tráfico y escribí muchas citas por diversas infracciones. Algunas paradas se volvieron violentas, algunas detenciones llevaron a cargos por drogas y arrestos y algunas paradas llevaron a advertencias verbales o escritas. Usando tecnología, entrenamiento y muchas otras habilidades personales que contribuyeron a mi toma de decisiones, me encontré tomando muy buenas decisiones durante mis paradas de tráfico y lo que era importante al final de la parada y del día es que me sentí bien con lo que hice y nadie fue lastimado.

El Sargento Bob Weathers Coordinador de entrenamiento del Departamento de Policía de Fayetteville en Fayetteville, Carolina del Norte, me reclutó en 1987. Siempre aconsejaba a los oficiales, una vez que lleguemos a casa revisar como nos fue en el día y ver qué hicimos bien o mal y qué podíamos hacer mejor para garantizar nuestra seguridad y las buenas relaciones con la comunidad. Con eso dicho, cuando conducía una parada de tráfico y el conductor era amable, educado, se disculpó, significaba todo para mí y al usar la tecnología que me dieron, si mostraba que este conductor tenía un historial de manejo impresionante, usaría mi discreción y le daría la multa. Al hacer esto a menudo me condujo a una buena conversación y confianza no solo en mí, sino también en mi departamento.

Mensaje para los oficiales de la ley: Hoy los oficiales tienen tantas herramientas nuevas para hacer su trabajo de manera más eficiente, pero también una oportunidad para ganar mucho más. **No les estoy diciendo que den o que no le den a todos una multa**, sino que combinen la actitud correcta, la tecnología, la buena toma de decisiones y la buena comunicación para ¡obtener el mejor rendimiento!

Mensaje a la comunidad: Lo único que he enfatizado muchas veces en este libro es tener la actitud correcta y esa puerta se balancea en ambos sentidos. Los oficiales no están entrenados para acercarse a su vehículo con una mala actitud, o para comportarse de una manera negativa o violenta y no se arregla un error cometiendo otro. Lo que estoy diciendo es que si ves esto durante una parada de tráfico o en cualquier momento, actúa correctamente, toma nota mental e informa de inmediato.

Capítulo Cinco

Sospecha razonable y causa probable para detener su automóvil

Para ser claros, la sospecha razonable es básicamente un poco más que una corazonada, pero menos que la prueba (causa probable) necesaria que le daría al oficial un motivo para actuar cuando sospecha que se ha cometido un delito o está a punto de cometerse. La causa probable la razón o prueba real. Entre las muchas preguntas que a menudo recibo de la comunidad (especialmente los conductores) están: "¿Por qué me detuvieron? ¿Qué hice? ¿El oficial tenía una razón para detenerme?"

Todo tipo de pensamientos están pasando por la mente del conductor, así como el pánico y el miedo. Para ser honesto, he sido policía por más de 30 años y nunca me he sentido cómodo con ser detenido. En mi opinión, por qué te están parando es algo que los oficiales deben decirle al conductor en el momento en que se acerca al automóvil. Cuando fui contratado por el Departamento de Policía de Fayetteville en 1987, fui entrenado para explicarle al conductor. **Decirle al conductor inmediatamente por qué esta siendo detenido puede eliminar una gran cantidad de estrés, tensión, nerviosismo, vacilación, reacción excesiva y lo que es más importante, una confrontación innecesaria.**

Los conductores de todo Estados Unidos oyen y se les ha dicho todo tipo de cosas sobre policías, patrulleros, agentes del 5/0, diputados del alguacil, etc. Independientemente de lo que el público nos llame, tenemos muchos conductores asustados, inseguros e indecisos, de todas las edades y razas. "El miedo es real" Realmente creo que todo lo que están escuchando está sobrevalorado, pero los acontecimientos actuales han dejado muchas dudas y lo entiendo. Una gran preocupación para los oficiales de la ley no es solo garantizar que los conductores se sientan seguros y protegidos cuando los detengamos, sino que algunos en nuestra comunidad creen que los policías blancos están dispuestos a arrestar, disparar y matar a negros, especialmente a niños negros y hombres negros. Debo ser honesto. En mi profesión, puedo decir francamente que **este no es el enfoque u objetivo de los oficiales de la ley.** Personalmente, he visto lo bueno y lo malo en trabajos, negocios y carreras que incluyen la mía. Todos los conductores y padres deben educarse a sí mismos tanto como sea posible y tener muchas conversaciones con sus jóvenes conductores. Esta es la razón por la que el liderazgo y la administración son tan importantes. Como un Alguacil Elegido y un líder de una agencia de la ley, quiero creer que todos mis oficiales están haciendo y van a hacer siempre lo correcto y promueven esto, yo discuto la seriedad del tema todo el tiempo, pero mi experiencia ha demostrado lo contrario.

A lo largo de los años, he despedido a oficiales por discriminación racial, tanto oficiales blancos como negros y en algunas situaciones esto involucró paradas de tráfico. Mi política es la de cero tolerancias. Durante la entrevista final para el empleo, reitero el valor de servir a la comunidad íntegramente y fundar buenas relaciones. Yo le digo a mis oficiales cuando la comunidad los ve también me ven a mí, y todo debe estar y verse bien todo el tiempo.

Reflexión: Cuando mi hijo Antonio, de 20 años, recibió su licencia de conducir a los 16 años, me preocupe por muchas razones. La seguridad, el exceso de velocidad, los mensajes de texto y hablar por teléfono fueron algunas de las pocas cosas que pasaron por mi mente, pero mi mayor preocupación fue la parada de tráfico. ¿Por qué? Bueno, me alegro de que hayas preguntado. ¡Percibo y veo las inconsistencias en los oficiales de la ley de hoy en día en comparación con los de las épocas anteriores en mi carrera! De acuerdo ya lo dije.

Me pregunto una y otra vez, tanto como su padre y su madre le predicaron sobre qué hacer y qué no hacer en la carretera, ¿Recordará qué hacer durante una parada de tráfico?

Creí, esperé y recé para que si un policía lo paraba, sus acciones positivas junto con las acciones positivas del oficial evitarían una situación o salvaría su joven vida, pero en caso de que el oficial fuera una mala semilla, mi hijo podría superarlo recordando lo que se le ha dicho que hiciera o que no hiciera. Nota: Ambas partes respetuosamente haciendo lo que deberían estar haciendo durante la parada es igual a un resultado positivo.

Dos semanas después de tener su licencia de conducir y su primer auto, me desespere y uno de mis oficiales de tránsito detuvo a Antonio llegando de la escuela. Sí, lo hice. Tenía que saber si Antonio escuchaba las conversaciones sobre qué hacer y qué no hacer si un policía lo detenía. ¡Ríe! Elegí al jefe del Equipo de Tráfico de la Oficina del Alguacil del Condado de Hoke El Sargento Michael Murphy, que era visto como un tipo duro, serio, que no sonreía y que detendría a cualquiera, incluyéndome a mí. El me detuvo tres veces antes. Le di la ruta de mi hijo y le pedí que detuviera a Antonio para ver cómo reaccionaría durante una parada de tráfico y de acuerdo con el Sargento Michael

Murphy Antonio hizo todas las cosas que le dije que debía hacer.

Unos días más tarde, Antonio se dio cuenta de que podría haber sido una trampa y me preguntó si lo había mandado a detener. Lo confesé, pero le pregunté cómo se sentía cuando vio las luces azules. Dijo que estaba nervioso y se preguntó qué hizo para ser detenido por el policía. Además afirmó que el oficial era severo, pero muy profesional.

Una cosa segura es que un oficial nunca debe detener ningún vehículo sin una razón legítima. Esto se llama sospecha razonable y causa probable. He aprendido a lo largo de los años que estas dos palabras son una en ellas mismas y que a menudo se usan indistintamente. Para no ser demasiado técnico, cuando un oficial detiene su vehículo no significa que usted está bajo arresto. La parada se considera no privativa de libertad /

incautación. Esto es con el propósito de mantener la 4ª enmienda y debe estar respaldado por una sospecha razonable y una causa probable.

Durante una parada sin custodia, todos los pasajeros también pueden ser detenidos. Cuando un oficial toma la determinación de que se ha cometido un delito o una violación, el oficial debe analizar la gravedad de esta parada y asegurarse de que haya hechos suficientes para respaldar la detención. Los oficiales son entrenados una y otra vez en esto. ¡Durante las paradas de tráfico siempre debe haber integridad! ¡No lo falsifique para hacerlo! No debe haber conjeturas o suposiciones.

Mensaje a los oficiales de la ley: Cuando detiene a un vehículo, imagine el escenario de inmediato, porque el vehículo se está deteniendo porque usted encendió la luz azul sobre él. Sin importar en unos pocos segundos, se acercará al conductor. Los comentarios bulliciosos pueden comenzar un enfrentamiento de inmediato. Comentarios como "¿Sabe por qué lo detuve?" ¿Sabe qué tan rápido iba? "" ¿Cuál es su prisa? "" Mujer vas a matar a alguien". Compañeros oficiales nosotros no estamos entrenados para hacer esto y si encuentran a alguien a quien le importamos un comino en primer lugar y empezamos de esta manera va a ser un drama en la carretera. No permitamos que nuestros sentimientos o emociones personales nos alejen de nuestro entrenamiento y profesionalismo en el cumplimiento de la ley.

Mensaje a la comunidad: No puedo pensar en ninguna profesión que no implique algún tipo de entrenamiento. Cuando un policía le detiene, verá banderas rojas que le harán cuestionar por qué o qué hizo o está haciendo el oficial. Le pido que seas paciente y que siga las instrucciones en todo momento. A veces, un oficial sin experiencia lo detendrá a usted o un novato que sin intención cometerá algunos de los errores más comunes. Solo recuerde que si no estás satisfecho o en desacuerdo con el resultado. Los líderes y supervisores siempre están ahí para ayudarlo, así que presente una queja si no está de acuerdo.

Capítulo Seis

Requisas con arresto y Decomisos (Requisas de Vehículos)

Una vez que se realiza la parada del vehículo, puede haber una causa probable para requisar el vehículo, realizar un arresto o ambos, dependiendo de lo que usted, como conductor, haya hecho mal. Si al oficial le huele a marihuana, el puede pedirle a un perro para que olfateé alrededor del vehículo y busque drogas.

Tenga en cuenta que sin el consentimiento, la causa probable (PC) o una orden judicial, un oficial no puede y no debe requisar su vehículo.

Además de esto para la seguridad del oficial, si el oficial sospecha que tiene un arma, esa es una causa probable para registrarlo de la cabeza a los pies y a otra (s) persona (s) detenida (s). Si es necesario, el oficial puede detener un automóvil a punta de pistola mientras intenta detener a alguien. Recuerde, las leyes pueden variar de un estado a otro.

USO DE FUERZA (Niveles de Fuerza)

Ha habido tantas preguntas sobre por qué un oficial hace esto o hace aquello? Cada situación que enfrenta un oficial puede ser la misma pero terminar de manera diferente debido a las circunstancias involucradas. Los oficiales están entrenados para usar y accionar el equipo que llevan en su cinturón de herramientas y también los niveles de fuerza. Lo único que debo reiterar es que los oficiales están entrenados para usar comandos verbales con la esperanza de evitar un altercado que pueda llevar al uso de las manos o el uso de armas letales o lesiones letales.

De acuerdo con la mayoría de las políticas de las agencias de la ley, determinar la cantidad apropiada de fuerza a usar cuando se enfrenta a un sujeto que se resiste puede ser problemático para el oficial. Sin duda, es bueno que un oficial resuelva una confrontación con comandos verbales, sin embargo, si la situación llega a un punto en el que las palabras ya no sirven para reducir la confrontación, entonces se debe usar la fuerza. En pocas palabras, los oficiales no deben agotar otros niveles inferiores de las opciones de fuerza antes de pasar a otra, siempre que esté justificado.

La cantidad de fuerza que un oficial emplea para ejercer control o defenderse a sí mismo generalmente se guía por las circunstancias circundantes. Por ejemplo, múltiples sospechosos, alrededor, tamaño de los sospechosos, etc. Los oficiales de la ley deben usar solo la cantidad de fuerza razonablemente necesaria para lograr objetivos legales. Los organismos encargados de hacer cumplir la ley no tolerarán el uso excesivo de la fuerza por parte de un oficial contra ningún ciudadano.

La explicación de las limitaciones de la ley sobre el uso de la fuerza por parte de un oficial les proporciona el conocimiento necesario para que puedan desempeñar sus funciones con confianza y sabiduría, sin someterse a responsabilidad penal o civil. **De ninguna manera las políticas de ninguna agencia de la ley tienen la intención de limitar la capacidad del oficial para usar la fuerza, cuando y si existen las circunstancias apropiadas. Se espera que un oficial retenga el derecho de defenderse a sí mismo o a otros con tanta fuerza como sea necesario para afectar esa defensa.**

Justificación del uso de la Fuerza

Se justifica que un agente de la ley use la fuerza sobre otra persona que razonablemente cree que ha cometido un delito. Además de defenderse a sí mismo o a una tercera persona de lo que razonablemente cree que es un uso inminente de la fuerza física al intentar hacer un arresto, o prevenir un escape.

Fuerza Letal o Mortal

La única pregunta que es común en una situación de fuerza letal o mortal incluyendo paradas de tráfico es por qué el oficial golpeó, sacó su arma o disparó a una persona. Esto no es algo que un oficial se propuso hacer en cualquier situación. ¿Qué significa fuerza letal y mortal? La Fuerza Letal o Mortal incluye, pero no se limita a, el uso de un arma de fuego o golpear a un sujeto con un arma de impacto en áreas tales como la cabeza, el cuello, la clavícula, la ingle o ataques múltiples a las áreas de los órganos. ¿Por qué el oficial no dispara un tiro de advertencia?

El Estatuto General 15A-401 (d) (2) de Carolina del Norte permite a las agencias de la ley disparar tiros de advertencia, sin embargo, cada agencia usa discreción en sus políticas relacionadas con disparar o no disparar un tiro de advertencia porque los disparos de advertencia se consideran uso de fuerza letal. **Un oficial puede sacar su arma cuando tenga motivos razonables para sospechar que puede ser necesario el uso de fuerza letal.** El oficial no necesita estar bajo ataque inmediato, pero solo tiene que ser razonablemente aprensivo de que pueda ocurrir una situación de fuerza letal. Las políticas están destinadas a permitir que el oficial tenga su arma lista en circunstancias tales como responder a una alarma silenciosa, o confrontar a un sujeto cuando hay motivos razonables para creer que puede estar armado, o que de otro modo puede causarle al oficial un miedo razonable por su vida. **Un oficial puede dispararle a un vehículo en movimiento si implica un posible riesgo de muerte o lesiones graves para él o para personas inocentes.**

Reflexión: Una de las paradas de tráfico más comunes que experimenté como oficial de patrulla que generalmente conduce a un arresto, registro y captura usualmente involucraba de dos a cuatro personas / adolescentes en un vehículo que fumaban marihuana. En esta situación, el conductor no estaba al tanto de sus violaciones o acciones al conducir y hizo algo que me dio una sospecha razonable para detener su vehículo. Mientras seguí el vehículo durante una corta distancia para estar seguro, establecí una causa probable y prendí las luces azules. Al acercarme al vehículo, siento un fuerte olor a marihuana y noto que todo el mundo se inquieta. Me retiré de la cercanía del vehículo y solicité respaldo y un perro de drogas. Una vez que establecidos todos los protocolos, se requisó el vehículo y se encontraron paquetes de marihuana, junto con capullos y parafernalia de drogas. Ahora se pone complicado. Yo hago la pregunta. ¿A quién le pertenecen las drogas? Nadie posee las drogas. Por supuesto que no, así que adivine quién recibe el cargo? En esta situación, he visto que el conductor recibe el cargo y, en algunas circunstancias, he visto a todos los que se encuentran en el automóvil pagar por ello. La parte desafortunada es que en la mayoría de los casos, el vehículo es de mamá o de papá y generalmente es remolcado. ¡Mi hijo y mis hijas han escuchado esta historia una y otra vez!

Un mensaje a las autoridades policiales: Cuando salimos a patrullar, somos conscientes de lo que es la ley y de lo que podemos y no podemos hacer. También sabemos nuestras limitaciones. El conductor promedio no tiene idea de si lo que decimos o hacemos es correcto, incorrecto o ilegal. Por favor, no aproveche esto. No abusemos de nuestra autoridad. No usemos más fuerza de la necesaria. No somos matones. Por favor, evite los estereotipos y tenga en cuenta el factor miedo de los conductores negros, especialmente los adolescentes negros. "El miedo es real". Básicamente, al patrullar, no permita que las trenzas, las capuchas, los pendientes en las orejas, los tatuajes faciales o del cuello, los pantalones caídos, embolsados, etc. influyan en su toma de decisiones y actitud hacia un conductor durante una parada de tráfico. Los oficiales me han dicho que temen a los negros. Confíe en mí si usted es un agente de la ley con este problema, es posible que desee reconsiderar su carrera.

También les aconsejo que la comprensión de la diversidad cultural es imprescindible cuando se trata de nuestra capacitación de hoy.

Un mensaje a la comunidad: Por favor dígales a sus jóvenes conductores que no pongan banderas rojas en el vehículo que están manejando. Vamos a mantenerlo real, es algo así como ver un vehículo de día o de noche con cuatro o cinco tipos montando juntos y no importa si el grupo es negro, blanco, nativo americano o latino. ¿Es un crimen? Absolutamente no, pero llama la atención a cualquier oficial de patrulla especialmente a altas horas de la noche y créanlo o no, hay muchas situaciones en las que este escenario ha llevado a robos, allanamientos, violencia de pandillas y cualquier otra cosa que no sea buena. Lo siento pero así es. Simplemente no se ve bien. Anime a sus hijos a no hacer esto en lo posible. **Recomiende a sus jóvenes conductores que no monten y den vueltas**

con sus amigos que están empacando drogas o armas ilegales. La mayoría de las veces conducen su vehículo y si le pertenece, probablemente esté haciendo el pago del automóvil o pagando el seguro. Esto es muy importante. Mi esposa y yo hemos predicado esto a nuestros hijos una y otra vez. No haga nada que alertará a las autoridades o atraerá la atención. Por favor.

Capítulo Siete

Perfil Basado en Prejuicio (Perfil Racial)

¿Qué significa exactamente el perfil basado en prejuicio? ¿Qué es? **A través de la comunidad esto frecuentemente es llamado prejuicio racial.** Bueno, en una definición simple y en mi opinión y en otras, es cuando los oficiales de la ley se dirigen a una persona o personas en particular por motivos poco éticos, como la raza. Esto es malo y ha sido una de las preocupaciones y quejas de la comunidad más publicitadas hoy en día. El Estatuto General de Carolina del Norte**14-110**se estableció para minimizar y detener a todas las agencias de la ley de perfiles de prejuicio en el Estado de Carolina del Norte.

En la Oficina del Alguacil del Condado de Hoke, nuestra política establece claramente que estamos comprometidos con el más alto estándar de cortesía y profesionalismo en todos los contactos con el público y entre los empleados en el lugar de trabajo. No se permite tendencias a favor o en contra de ninguna persona debido a su raza, iorigen étnico, sexo, orientación sexual, religión, estado económico, edad, grupo cultural u otro grupo identificable! **Todos los agentes deben evitar tomar medidas o utilizar un lenguaje que razonablemente se entiende que es despectivo para cualquiera de esos grupos, o que refleja un prejuicio a favor o en contra de dicho grupo durante una parada de tráfico, o cualquier situación.**

Detener un vehículo o persona, emitir una citación, registrar a una persona o vehículo, realizar un arresto o realizar

alguna acción en contactos de tráfico, contactos de campo, confiscación de dineros o iniciar el decomiso de propiedad debido a la raza, origen étnico, nacionalidad, io cualquier rasgo común o características grupales de un individuo es absolutamente inaceptable! Cuando mis oficiales conducen una parada de tráfico, debe tener lugar el siguiente protocolo:

A. Todos los Diputados deben registrar con precisión todos los datos requeridos por N.C.G.S. 114-10 (2A) en el formulario de Informe de paradas de tráfico SBI-122. Detener o investigar cualquier crimen que no sea parte del Capítulo 20 (Infracciones a la ley de vehículos automotores no necesita registrarse bajo N.C.G.S. 114-10 (2A).

B. Los supervisores deben colocar todos los formularios completos de las paradas de tráfico en la casilla designada en la oficina del capitán de servicios uniformado después de la revisión.

C. Todos los datos serán ingresados antes del décimo día del mes siguiente de todos los informes enviados por los Diputados.

D. Todos los datos estarán para la visualización pública, con la excepción del número de identificación del oficial, en el sitio web de SBI-DCI:

http:www.trafficstops.ncsbi.gov

El informe de detención de tráfico SBI-122 debe mantenerse archivado durante tres años.

Los supervisores deben hacer cumplir las políticas de su agencia de la ley y deben garantizar que los requisitos de N.C.G.S. 114-10 (2A) son entendidos y cumplidos correctamente por los Diputados Subordinados. Los supervisores deben revisar los formularios SBI-122 preparados por oficiales subordinados, asesorar y corregir a cualquier oficial subordinado con respecto a cualquier acción o lenguaje que indique razonablemente parcialidad prohibida por la política o una violación de la política, e iniciar y documentar medidas disciplinarias contra cualquier funcionario si el asesoramiento no corrige un problema de prejuicio.

Todas las quejas ciudadanas que aleguen acciones o lenguaje prejuicios deben ser documentadas e investigadas de manera rápida, exhaustiva e imparcial. **Se deben tomar y documentar las medidas disciplinarias apropiadas para garantizar que no ocurran violaciones futuras por parte del mismo funcionario.** Además de esto, todos los supervisores deben monitorear continuamente los datos de paradas de tráfico presentados por los oficiales subordinados para ser alertados sobre cualquier patrón o práctica que sugiera una violación de la política. Una supervisión más cercana y asesoramiento pueden ser apropiados en cualquier caso dado.

El Capitán de Servicios Uniformados llevará a cabo una revisión anual de las prácticas de la agencia, incluidos los datos de paradas de tráfico y las preocupaciones de los ciudadanos, para determinar si existe algún patrón o práctica en las actividades policiales por parte de cualquier oficial que sugiera una violación de esta política. Cualquier disparidad anormal debe ser investigada para determinar si se está violando la política. Se deben tomar medidas correctivas apropiadas en cualquier caso de denuncia basado en acciones de prejuicio o lenguaje. Es posible que se requiera capacitación y asesoramiento correctivo para cualquier funcionario que haya participado en una conducta o en un lenguaje usado que se interprete razonablemente como una infracción de la política. **Una violación intencional grave de la política puede resultar en suspensión, baja de rango o terminación.**

La Oficina del Alguacil del Condado de Hoke y otras agencias de la ley requieren que sus oficiales completen con éxito la capacitación anual. La Oficina del Alguacil del Condado de Hoke es una Agencia del cumplimiento de la Ley Nacionalmente Acreditada y nuestra política prohíbe la discriminación racial, necesitamos diversidad étnica o cultural, buenas relaciones comunitarias y profesionalismo hacia el público y en nuestro lugar de trabajo. Además, la capacitación debe enfatizar que el profesionalismo, la cortesía y la imparcialidad es una norma esperada para todos los Diputados y empleados. **Nuestra agencia está acreditada a nivel nacional por la Comisión de Acreditación para Agencias del cumplimiento de la Ley.**

Reflexión: Hace varios años compré mi primer automóvil de lujo. Era un cupé deportivo BMW azul brillante. Fue agradable. Tenía placas de 30 días, lo que me hizo sobresalir como muy distinguido o era algo más? Un día soleado manejé a un local de hamburguesas, pasé por la ventana y ordené mi comida. Mientras esperaba que el empleado me entregara mi bolsa, observé a un policía detrás de mí. A los oficiales también les da hambre y deben comer. Cuando el empleado me entregó mi bolsa, lentamente me retiré y volví a poner el aire frio y me incliné un poco con entusiasmo disfrutando mi carro nuevo. Cuando salí, escuché una sirena detrás, así que rápidamente miré en el espejo retrovisor y había una luz azul. Inmediatamente me preocupé! Porque! ¿Qué podría haber hecho mal al comprar una hamburguesa? Todavía estaba en el estacionamiento, así que atravesé con seguridad dos espacios de estacionamiento. El oficial blanco se acerca a mi ventana con actitud y grita: "¿Cómo diablos puedes comprar este auto?"

"¿Disculpe?", Le dije.

"¿Qué tipo de trabajo hace usted? Soy policía y no manejo uno de estos."

Lo miré y también miré su identificación y cortésmente le pregunté, "¿Por qué me detuviste?"

Colocando su mano derecha en su arma, su voz se hizo más fuerte y dice, "Necesito ver tu licencia y registro."

En este momento me di cuenta de lo que era y antes de que esto siguiera avanzando, le dije: "Yo también soy policía en el Departamento de Policía de Fayetteville y me llamo Hubert Peterkin. Permítame sacar mis credenciales de mi consola."

El oficial cambio rápidamente su tono. Y dice: "¿Eres Peterkin?"

Yo respondí: "Sí, soy yo, y te vuelvo a preguntar ¿Por qué me has parado?"

Con una sonrisa, el oficial dice: "Oh, estamos buscando un auto como este y el tuyo se ajusta a la descripción. Perdón por la inconveniencia Peterkin. Escuché que estás haciendo un buen trabajo allá en Fayetteville."

Mientras me volvía a poner el cinturón de seguridad, le dije que conocía personalmente a su jefe de policía y le pregunté cómo creía que se sentiría su jefe por esta parada. El oficial inmediatamente dio media vuelta y se alejó. Dos días más tarde presenté una queja formal.

En resumen, el oficial mintió sobre sus razones para detenerme y luego fue despedido por prejuicio racial.

Mensaje a la policía: Por favor, por favor no detenga un vehículo a menos que tenga una sospecha razonable y una causa probable. Bajo ninguna circunstancia debe fichar a una persona o personas debido a su color de piel, sexo o por cualquier otra razón enumerada en este capítulo. Si sabe que tiene este problema, busque empleo en otro lugar porque esto no es aceptable. Recuerde quién es en todo momento y cuál es su propósito.

Mensaje a la comunidad: Me gustaría poder decirle que esto nunca le pasará a usted ni a sus conductores adolescentes. Pero lo que puedo decirte es que siempre esté listo. Esté alerta, pero respetuosamente tome nota mental de todo lo que sucede durante la parada del vehículo para incluir el nombre del oficial. No se involucre con la situación. Evite una confrontación a toda costa. Manténgase enfocado y asegúrese de saber que hay un proceso de quejas para ayudarlo si esto sale mal.

Capítulo Ocho

Cómo Detenerse Para La Policía (Paso a Paso)

Así es como comienza todo. Va conduciendo por la calle y de repente, ve la luz azul y en unos pocos segundos se da cuenta de que es usted a quien el policía está tratando de detener. Se pregunta a si mismo. ¿Por qué este policía me detiene? Mi consejo para usted es:

1. Permanezca tranquilo. Respire profundamente y no intente analizar usted mismo la situación. No huya provocando una persecución policial o intente evitar la parada o de la impresión de que no va a parar.

2. Inmediatamente encienda su lámpara direccional derecha y comience a buscar un lugar seguro para detenerse. Intente evitar detener su vehículo en lugares con mucho tráfico o en medio de la carretera. Esto es muy importante especialmente para las mujeres, las personas mayores y los conductores adolescentes inexpertos. No dañe ni choque su automóvil presa del pánico. Si es detenido durante las horas de la noche, tenga mucho cuidado al salirse de la carretera. El oficial esperará que se detenga de forma segura.

3. Una vez que se haya detenido y parado con seguridad, ponga su automóvil parqueo y baje la ventana. Quite el pie de los pedales. En algunas circunstancias, se le pedirá que apague el motor. Esto generalmente ocurre cuando se ha cometido un delito, así

que independientemente, haga lo que el oficial le pida.

4. Coloque sus manos en el volante. Si es de noche, encienda las luces interiores para que el oficial pueda tener una visión clara de tu interior. No se inquiete por papeles u otros artículos, debajo del asiento, la guantera y las víseras. **PERMANEZCA TRANQUILO.** Si su licencia y / o registro están en su billetera, bolso o guantera, espere hasta que el oficial se los solicite y notifíquele dónde están para que pueda observar sus movimientos. Por favor. De nuevo baje la ventana del lado del conductor y espere.

5. Nota: Mientras usted está estacionando su vehículo, el oficial está entrenado para observar y ver su parqueo y sus movimientos. Probablemente esté usando su tecnología para obtener toda

la información posible sobre usted y su vehículo.

6. El oficial también intentará que ubicar su vehículo en una posición segura para garantizar su seguridad también. Mientras el sale de su vehículo y se acerca al suyo, mantenga la calma pase lo que pase. Probablemente tenga un millón de preguntas, pero permita que el oficial le hable y le explique por qué lo detuvo a usted y cuál es la situación. A medida que el oficial se acerca a su vehículo, permanezca en el automóvil. No salga a su encuentro hasta la mitad del camino (Mantenga las manos vacías todo el tiempo). ¡¡Por favor!! Ahora que el oficial está de pie en su ventana, por favor no lo insulte, proteste, grite, etc. Hablo en serio. Esto pasa mucho ¡En segundo lugar, por favor no tenga el teléfono en la oreja hablando! Recuerde

colocar sus manos donde puedan verse, preferiblemente en el volante. He visto algunos conductores poner sus manos en el tablero, eso es aceptable. Por razones de seguridad, el oficial necesita ver tus manos.

7. **En este punto, el oficial debe hablar (cortésmente) y explicarle por qué lo detuvo** (esto es importante y, en mi opinión, prepara el escenario para asegurar un resultado positivo). **Ambas partes deben ser respetables y educadas.** Si no está al tanto de las razones por las que él lo detuvo, pregúntele amablemente.

8. El oficial le pedirá su licencia y registro. Como dije anteriormente, si su licencia está en su billetera o bolso, hágale saber que necesita sacarlos y si su registro está en la guantera hágale

saber y permítale que lo observe al buscarlos.

9. Una vez que el oficial tenga su información, puede que en ese momento le dé una advertencia verbal y se vaya, o le pida que se quede y espere mientras camina de regreso a su patrulla para investigar más la parada.

10. Cuando el oficial regrese a su vehículo, asegúrese de estar en la misma posición que antes.

11. Si el oficial le expide una citación / multa, le informará la fecha de su juicio, las firmas y le explicará sus opciones para el tribunal, las multas y otros detalles. **Tenga en cuenta que firmar el boleto no significa que está admitiendo culpabilidad.** Firmar es reconocer que lo has recibido.

12. Si no está de acuerdo, no intente resolverlo a la orilla de la carretera.

Presente una queja o presente su argumento ante el tribunal.

13. Si desea presentar una queja, cada agencia de la ley tiene un proceso de quejas y reclamos, que le permite expresar sus preocupaciones formalmente. Esto generalmente involucra jefes superiores.

Reflexión: No puedo recordar cuántas paradas de tráfico hice en mi carrera, pero sí recuerdo la expresión de muchas personas cuando me acerqué a su vehículo. **Nadie quiere ser detenido por un policía, ni siquiera yo, pero hay una razón por la cual los policías están allí afuera.** He detenido vehículos y he tenido algunos de los momentos más agradables al lado de la carretera e hice nuevos amigos y las paradas terminaron bien. Pero también hubo momentos en los que me trataron muy feo con falta de respeto que involucraba gritos e insultos. De cualquier manera, odiaba detener los vehículos. Era parte de mi trabajo y algunas violaciones de tráfico sin supervisión pueden causar muchos problemas graves de seguridad que pueden dañar o incluso matar a otros conductores en la carretera. La peor sensación es no ver una violación y que el conductor a exceso de velocidad, ebrio o imprudente se estrelle y mate a alguien. He visto esto muchas veces. Además, los oficiales a menudo detienen a los vehículos que se dirigen a robar, violar o matar a alguien y debido a su entrenamiento, salvan muchas vidas.

Mensaje a la policía: A medida que continuamos protegiendo y sirviendo a nuestras comunidades, no nos podemos olvidar de los peligros que conllevan las paradas de tráfico. Si hay diez pasos para hacerlo bien y seguro cada vez, no haga siete, ocho o nueve, porque si hace menos, está dejando espacio para errores que pueden costarle su trabajo, su vida o la de otros. **Deje sus actitudes, problemas personales y prejuicios en casa.** Usted tiene una responsabilidad increíble que no requiere nada más que lo mejor que tiene para ofrecer y hay muy poco margen para errores, especialmente ahora. Seamos conscientes de todos los temores involucrados tanto del conductor como de usted como oficial de la ley.

Mensaje a la comunidad: Ser parado por un policía siempre es lo último que la mayoría de la gente espera al salir al trabajo, al cine, a la iglesia o al supermercado, pero sucede. La clave para recordar es que en cualquier momento sin saber puede haber un problema con el vehículo, un mal funcionamiento notable, la placa expirada, una lámpara rota, la luz de freno apagada, y la lista continúa.

Si un oficial se da cuenta de estas cosas, probablemente lo detendrá. Lo último que quiero que haga es tenerle miedo a la luz azul y al oficial. No estamos allí para hacer de su día una pesadilla. Una parada de vehículo de rutina por lo general dura 20 minutos o menos y la forma en que se comportan tanto el oficial como usted como conductor es la clave para que la parada de tráfico transcurra sin incidentes. Tanto usted como conductor y el policía tienen la responsabilidad de garantizar un resultado positivo.

Si tiene un arma en el vehículo, debe comunicárselo inmediatamente al oficial. No importa si tiene un permiso para armas o no, por favor dígaselo al oficial. Si tiene un permiso para portar armas, probablemente tiene una guardada en la guantera, consola, debajo del asiento o en el maletero. Donde sea, deje que el oficial lo sepa. Si no tiene un permiso, el arma debe ser visible preferiblemente en el asiento. Por favor, no intente alcanzarla o intente mostrarla o entregarla cuando el oficial camine. Mantenga sus manos en el volante.

Recuerde la regla número uno:

¡Que todos regresemos a casa de manera segura después de una parada de tráfico!

"Preservemos nuestra vida"

Capítulo Nueve

Cómo Presentar una Queja

La decisión de presentar una queja puede ser una decisión difícil para muchos conductores durante una detención de tráfico, pero es imprescindible si usted siente que ha sido sujeto de una injusticia, ha sido tratado injustamente o simplemente no está de acuerdo con la decisión del oficial. Cualquiera que sea el caso, solo presente la queja. ¿Qué sucede si no presenta la queja y decide dejar las cosas así? Lo más probable es que se cree un sentimiento negativo hacia la policía y le contará a los demás su experiencia y luego se propaga y se convierta en un factor negativo más grande en la comunidad.

¿Por qué?

Hay personas que confían en usted y creen en usted y que tomarán su palabra. Es la política de las agencias del cumplimiento de la ley investigar todas las denuncias de presunta mala conducta de los empleados, determinar equitativamente si las acusaciones son válidas o no y tomar las medidas adecuadas. **Por favor de una oportunidad a los líderes y jefes de las fuerzas del orden público de analizar sus inquietudes.** La mayoría de las agencias de cumplimiento de la ley tienen una sección que maneja todas las investigaciones, incluyendo el tráfico. Cuando decide a presentar una queja, hacer una llamada telefónica es solo el comienzo, por lo tanto, realice la llamada.

La mayoría de las agencias, como la Oficina del Alguacil del Condado de Hoke, querrán que vaya a la oficina y presente una declaración por escrito, y la queja se documenta en un formulario de queja formal. Por lo general, un supervisor puede aceptar su reclamo para asegurarse de que su inquietud no sea ignorada. Siempre es útil tener el nombre de un oficial y / o número de vehículo, que generalmente se encuentra en la esquina izquierda o derecha de la ventana trasera o parachoques trasero.

La mayoría de los formularios de quejas, como los de la Oficina del Alguacil del Condado de Hoke, tendrán lo siguiente:

1. Número de control interno;

2. Fecha en que ocurrió;

3. Fecha de recibido;

4. Tipo de queja;

5. Alegato;

6. Diputado / empleado involucrado;

7.Demandante;

8.Supervisor o investigador asignado;

9.Disposición; y

10. Fecha de finalización.

Tenga en cuenta que todas las quejas presentadas se tomarán en serio. Cualquier acusación de mala conducta por parte de un oficial podría resultar en el despido, suspensión, baja de rango o cargos criminales.

Preguntas y respuestas frecuentes

PREGUNTA: ¿Qué hago si es de noche y no estoy seguro de que la luz azul sea un verdadero oficial? **io un Bandido con luz azul!**

Respuesta: Reduzca la velocidad de su vehículo. Encienda sus luces de precaución / luces intermitentes. Marque inmediatamente el 911 y avise su ubicación y dígales que parece que hay un oficial tratando de detenerlo y solicite al despachador que le confirme. Una vez que reciba la conformación, deténgase con seguridad. **Si no tiene recepción de teléfono o teléfono, busque un área o lugar bien iluminado, como una tienda, una gasolinera, etc. Luego, detenga su**

vehículo de manera segura. Recuerde los protocolos en el capítulo 8.

PREGUNTA: ¿Por qué el oficial enciende su linterna para ver mi auto por la noche?

Respuesta: Los oficiales encienden su linterna para mirar los vehículos por la noche durante la detención de tráfico por su seguridad y no pueden colocar la luz directamente a su cara. El oficial debe tener una vista clara del interior de su vehículo.

PREGUNTA: ¿Por qué el oficial se queda sentado en el auto tanto tiempo después de que me para?

Respuesta: Durante la detención de tráfico, los oficiales utilizan diferentes tecnologías para realizar sus tareas. Durante la detención, el oficial podría estar en comunicación con el despachador averiguando sobre usted o su vehículo o verificando información. Todo esto contribuye a la seguridad.

PREGUNTA: ¿Qué pasa si tengo un arma en mi auto?

Respuesta: Si tiene un arma en su vehículo, dígaselo a los oficiales inmediatamente. No intente dársela o alcanzarla. Por favor. **(Consulte el capítulo 8)**

PREGUNTA: ¿Por qué otros autos de policía se detienen cuando me paran solo por una infracción de tráfico?

Respuesta: Durante una detención de tráfico, no es inusual que otro oficial se detenga para compartir información o para asegurarse de que el oficial esté seguro durante la parada.

PREGUNTA: ¿Qué sucede si no tengo mi licencia conmigo?

Respuesta: Dígale al oficial que tiene una licencia, pero no con usted. Discúlpese educadamente. El puede realizar un chequeo para ver si usted está en el sistema. Será a discreción del oficial si elige darle una multa.

PREGUNTA: ¿Qué le digo a mi hijo negro adolescente que conduce y tiene miedo de ser detenido por la policía?

Respuesta: Por favor, sepan que como un oficial negro con un joven conductor negro, estoy consciente de los temores que la comunidad negra tiene con respecto a las paradas de tráfico esta es desafortunadamente la realidad en que vivimos **"El Miedo es Real".**

Es importante que los jóvenes conductores afroamericanos sepan que nosotros, como agentes del orden público, los cuidamos tanto como a los demás y no queremos nada más que tratarlos con el máximo respeto y equidad, como lo hacemos con todos los demás.

Cuando un policía lo detiene, es importante que no haya confrontación o falta de respeto. Muchas veces nos encontramos con enfrentamientos o resistencia. Insístale a nuestros adolescentes que nos permitan hacer nuestro trabajo y, como dije antes en este libro, sigan los protocolos para informar cualquier preocupación o injusticia por parte de un oficial.

Además de esto, les pido a los padres que nos ayuden al aconsejarles que hagan lo mismo. Si hay un oficial que hace algo poco ético durante una parada de tráfico, tarde o temprano será notado y se detendrá.

PREGUNTA:¿Qué le digo a mi joven conductor estudiante de universidad que tiene un vehículo en el campus, especialmente en el primer año?

Respuesta: Una de las cosas más espantosas para los padres es cuando su adolescente lleva el auto a la universidad. Algunos consejos para nuestros futuros líderes es no beber y definitivamente no beber licor y conducir. Hay mucha diversión durante los años universitarios. La vida universitaria es un momento para recordar. Hazte a buenos recuerdos. ¡Si vas a fiestas, fíjate en lo que estás bebiendo! De hecho, obtén tu propia bebida. Sin alcohol por favor! No permitas que alguien te dé algo para tomar sin saber lo que te dio. Muchos estudiantes universitarios son atrapados porque bajaron la guardia y consumieron bebidas que pudieron emborracharlos, drogarlos, etc.

Además de esto, mientras se moviliza hacia y desde su casa, observe su velocidad y lea los letreros porque a menos que esté en una universidad cercana a su hogar, es fácil pasar por alto los detalles clave que pueden evitar cometer un error y obtener una multa/infracción de tráfico. Por favor, no envíe mensajes de texto cuando conduzca. Minimice la actividad de su teléfono tanto como sea posible. Si un policía lo detiene, siga las pautas y los pasos enumerados en el capítulo ocho de este libro.

Por último, a medida que cambia de carril, dé buenas señales y realice sus movimientos con cuidado. Recuerda eres nuestro futuro.

Recuerdan mi regla número uno, mantengamos la seguridad y preservemos nuestra vida.

Conclusión

Las agencias del cumplimiento de la ley son necesarias en nuestra sociedad de hoy para proteger a nuestra comunidad de muchas maneras, tales como: seguridad pública, concientización de seguridad, investigación de crímenes, intervención de pandillas, prevención de drogas, seguridad en los tribunales, e manejo de las cárceles etc. Día a día hay varios oficiales uniformados con diferentes insignias en sus uniformes y cada uno de ellos lleva puesto un cinturón de servicios compuesto por varias herramientas, letales y no letales como un arma de fuego. Independientemente, es requerido que cada agencia lleve a cabo y haga cumplir las leyes regidas por su jurisdicción local, estatal o federal.

El objetivo principal de todos los agentes de la ley es la seguridad pública. Nuestro enfoque es mantener a la comunidad segura e investigar crímenes y violaciones cometidas por aquellas personas que no tienen buenas intenciones o que no se preocupan por hacer lo correcto. Además de esto, las agencias de la ley establecen una compromiso o una declaración de misión que da una descripción general de quiénes son y sus intenciones departamentales. La declaración de misión sirve como una especie de promesa para los ciudadanos. En resumen, no debemos olvidar la importancia clave de nuestra misión.

Por ejemplo:

Proclamación de la misión: Oficina del Alguacil del condado de Hoke

La Oficina del Alguacil del Condado de Hoke se esfuerza por proporcionar el más alto nivel de profesionalismo posible. Nuestra efectividad será medirá por la ausencia de crímenes en las calles y vecindarios. Nuestra oficina seguirá los estándares y principios más logrando asi que nuestra calidad de vida sea potencialmente mejor. Nuestros oficiales responderán a las necesidades de nuestra comunidad conservando como el objetivo principal de la Oficina del Alguacil del Condado de Hoke proteger la vida y la propiedad de nuestra comunidad.

Al hacer esto seremos responsables de nuestras acciones y rendiremos cuentas ante los ciudadanos del condado de Hoke. Es nuestro objetivo obtener el más alto nivel de destreza profesional, con énfasis en la integridad como individuos y como organización oficial.

Nuestra oficina implementará medidas nuevas e innovadoras que dirigirán la Oficina del

Alguacil del Condado de Hoke hacia el siglo XXI, proporcionando servicios de manera profesional. Nosotros como un equipo unido, lograremos esto manejando cuidadosamente nuestros recursos financieros e implementando la creatividad, participación comunitaria y acercamiento innovador para satisfacer las necesidades de nuestros ciudadanos.

A menudo, la gente se confunde con el uniforme o el tipo de automóviles que ven cuando se trata de los oficiales la ley, pero entiendo que, en cierto sentido, todos son iguales con los mismos objetivos. Aquí está el descripción territorial de sus responsabilidades. La jurisdicción territorial se refiere a las áreas asignadas en las que un agente de la ley está facultado para actuar. Esta es una descripción básica de la jurisdicción territorial de las siguientes agencias. Los oficiales pueden tener jurisdicción fuera de sus áreas geográficas asignadas de acuerdo con los acuerdos de ayuda mutua.

Los oficiales deben consultar a su agencia para obtener orientación específica sobre su jurisdicción territorial. Echemos un vistazo rápido a las diferentes agencias del cumplimiento de la ley en Carolina del Norte y sus diferentes jurisdicciones. Independientemente de sus jurisdicciones, cada agencia tiene el poder de arresto y debe seguir las pautas de sus áreas asignadas. A través de los acuerdos de ayuda mutua, los oficiales pueden trabajar fuera de las áreas asignadas. A continuación hay una lista de agencias con responsabilidades estatales y locales. Los oficiales estatales tienen autoridad de arresto estatal.

Agencias de la ley Estatal

(1) Patrulla Estatal de Carreteras (a menudo referida a Tropas Estatales)

(2) División de Vehículos Motorizados DMV-por sus siglas en inglés (a menudo referidos como oficiales, inspectores o agentes)

(3) Oficina Estatal de Investigación (Agentes SBI-por sus siglas en ingles)

(4) Oficina de las leyes de regulación de alcohol (Agentes ALE-por sus siglas en ingles)

(5) Oficiales de vida silvestre (hacen cumplir todas las leyes de caza y vida silvestre)

(6) Oficiales de Libertad Condicional y Libertad bajo palabra

Agencias de la ley Local

(1) El Alguacil es un funcionario elegido por el pueblo. El y sus ayudantes tienen la autoridad de arrestar en todo el condado ellos sirven incluso en la jurisdicción de la ciudad. Cualquier delito grave cometido dentro del condado otorga al diputado del alguacil la autoridad para arrestar en cualquier parte del estado. Cuando la policía del condado y la ciudad unen fuerzas la jurisdicción es mutua.

(2) Los oficiales de la policía de la ciudad tienen un límite de jurisdicción para hacer cumplir y hacer el arresto a excepción de una milla después de la línea de la ciudad.

(3) Los oficiales de Control de Bebidas Alcohólicas (ABC, por sus siglas en inglés) generalmente son empleados por el condado o la ciudad y arrestan en las jurisdicciones en las

que están empleados, lo que significa ciudad o condado.

(4) Los oficiales de policía de compañías que tienen la autoridad de arrestar y de hacer cumplir las leyes sobre la propiedad de alguien. Básicamente, trabajan para empresas privadas o comerciales.

(5) Los oficiales de la policía de áreas de universidades que protegen y sirven nuestras áreas universitarias.

Hubert A. Peterkin:

La Historia Sin Contar Y Cómo se Hizo Un Oficial

Siempre soñé con ser policía, pero la verdad es que no estaba preparado para sobrevivir. La primera parte de mi vida me hizo modesto, me retó y me envió por un camino de vida en el que a menudo me siento a recordar y veo hasta donde Dios realmente me ha traído.

En 1962, nací del fallecido Hubert Peterkin y Onnie B. Peterkin en Brooklyn, Nueva York. Mi padre nunca terminó la escuela secundaria y mi madre solo llegó a la escuela media. Juntos tuvieron cinco hijos, Mary Bratcher Peterkin (Winkie), Sim Peterkin (Salvador), Sharon Peterkin Bowden (Coo-Coo), Dennis Peterkin (Bam) y yo mejor conocido como Spanky. Sí, todos teníamos apodos al nacer.

Crecer en nuestra casa con mi padre fue hermoso y tuvimos lo mejor de todo. El fue un buen proveedor y protector. Pero un día ya demasiado tarde, mi madre se dio cuenta de que papá tenía una adicción a las drogas. La adicción a las drogas de mi padre condujo a un ambiente hogareño hostil en el que abusaba de mi madre. Mi madre, sin educación ni trabajo, dependía únicamente de mi padre y en muchas ocasiones estuvo fracturada y amoratada por las palizas.

Una noche, mientras estaba borracho, mi padre atacó seriamente a mi madre. Después mientras él estaba durmiendo, mi madre se levantó agarró todo lo que pudo empacar, vació nuestras alcancías y con el poco dinero que tenía, contó suficientes monedas para que todos nosotros pudiéramos tomar un tren de regreso a casa en Raeford, Carolina del Norte, donde ella y mi padre crecieron. Más tarde, a la mañana siguiente, me desperté en una casa vieja sin agua corriente (sólo de bomba), sin baño (solo inodoro), sin calefacción ni aire (sólo estufa de leña) y con muy pocos alimentos o recursos. Lo que sí encontré fueron mis dos maravillosos abuelos, el difunto Joseph y Bessie Melvin. En resumen, mi madre nunca regresó a Nueva York. Mi padre finalmente regresó a Raeford y mi madre vivía en un matrimonio de zozobra. Cada vez el abuso se hizo más intenso a veces con extremidades fracturadas. Temerosa por su vida, un día para mi madre finalmente fue suficiente y lo dejó para siempre y mi padre regresó a Nueva York.

La casa con un solo padre

Mi madre hizo lo mejor que pudo por sus hijos, pero estuvo enferma la mayor parte del tiempo. Trabajó en la planta local de Pavos

(House of Raeford) durante muchos años y recibimos ayuda de asistencia social durante mis años de escuela secundaria. La mayoría de las veces había poca comida o nada de comida en casa. La Oficina de Bienestar del Condado ahora conocida como el Departamento de Servicios Sociales (DSS) le entregaba a mi madre un cheque de menos de cien dólares, una caja de leche en polvo, ciruelas pasas, queso y pasas cada mes. Mi mamá nunca tuvo automóvil ni licencia de conducir, por lo que caminaba, conseguía quien la llevara, o se subía a un taxi cada vez que tenía algún centavo.

Mi hermano Sim y yo comíamos en la casa de cualquiera que nos bendijera con una comida. Gracias a Dios por la Madre Lucille Cunningham, y la Sra. Evelyn Quick Allen por alimentarnos tantas veces. Odiaba esta vida y estaba avergonzado. Algunos de los otros niños en el vecindario y en la escuela se reían y molestaban a mi hermano Sim y a mí. Nos intimidaban en la escuela y cuando salíamos de las tiendas con comida, los muchachos nos asaltaban y tomaban el cambio de mi madre, rompían los huevos o dañaban el pan, etc. Creo que se imagina a lo que me refiero.

La mayoría de las veces solo teníamos dos conjuntos de ropa por semana y mi madre tenía que lavarlos a mano solo con agua, porque no podía darse el lujo de comprar polvo de lavar como ella lo llamaba en aquel entonces. Era la misma situación con el jabón. La mayoría de las veces no había jabón y sí, los maestros me llamaban la atención por esto porque los otros niños se quejaban de nuestro olor.

Independientemente de la situación, nunca dejé de soñar con ser policía. Me encantaron los superhéroes como Batman y Superman.

Solo quería un día poder salvar a todos y ser el bueno.

Mi madre solo podía pagar las peores casas para alquilar. Estas casas siempre fueron demasiado pequeñas (menos de 900 pies cuadrados), generalmente con dos dormitorios, apenas lo suficientemente grandes como para dar cabida a nueve personas. Sí, dije nueve. Mi madre crió y cuidó de tres de mis primos: Ben Bratcher, Ronnie Melvin y Robert Melvin. Todos crecimos juntos como hermanos.

En el pequeño televisor de 13 pulgadas en blanco y negro solo se veían dos o tres canales, y todos nos acurrucábamos utilizando una gancho de ropa de alambre para ayudar a la antena para una mejor señal y alicates para cambiar los canales. Sé lo que es vivir con ratas, cucarachas y chinches porque vivimos con todos. Una casa en particular en la que vivimos en Jones Hill tenía todos tres, pero eso era lo mejor que mi madre podía pagar.

Cuando Sim y yo teníamos nueve y diez años comenzamos a trabajar en los campos de tabaco y pepino para ayudar a poner comida en la mesa. Sim y yo tenemos once meses de diferencia y Sharon y Dennis tienen diez meses de diferencia. Todos los viernes nos pagaban y le dábamos todo nuestro dinero a nuestra madre para que ella comprara comida, ropa y pagará el crédito de las tiendas como John K's (Home Food), Pete's Grocery, Billy Park's Store y Jack Tucker's siempre le permitieron a mi madre obtener crédito porque simplemente no tenía dinero.

Cuando mamá compraba ropa, generalmente era del Family Dollar. No había un Wal-Mart en los años 70. Gracias a Dios por mi prima favorita, la Sra. Essie Mae Ray. A menudo nos traía ropa usada de personas que conocía. La mayoría de nuestra ropa fue heredada de familias que no tenían más uso para ellas. Si los zapatos que me habían dado eran demasiado pequeños, apretaba los pies y de todos modos me los ponía o usaba zapatos desgarrados, incluso si se me veían los dedos de los pies. Y sí, algunos niños se burlaron de Sim y de mí. Hoy mis pies muestran pruebas del dolor y lobanillos que tuve.

Los días festivos para mí siempre fueron deprimentes porque no tenía comida ni dinero suficiente. Mi padre se negó a enviar dinero o pagar manutención para sus cinco hijos. Durante la Navidad nos sentábamos en la casa y mirábamos a los otros niños en el vecindario jugar con sus bicicletas y juguetes nuevos. Mi madre simplemente no podía permitirse estas cosas, la mayor parte del tiempo y lloraba mucho. Nos consolaba y nos hablaba sobre el verdadero significado de la Navidad y nos recordaba que éramos cálidos y que teníamos comida en la mesa ese día. Éramos miembros de Freedom Chapel AME Zion Church en Raeford Carolina del Norte. Los miembros de la iglesia a menudo juntaban comida, ropa y juguetes para nosotros.

En camino a la prisión a los 15 añ*os*

En 1975 tenía trece años y la adicción a las drogas de mi padre había empeorado. El 29 de octubre, el día de su cumpleaños número 35, papá saltó por una ventana desde el piso 8 de un edificio en Brooklyn, Nueva York, allí murió. Pensé que mi mundo había terminado. Aunque él y mi madre estaban separados, lo amaba muchísimo. No podía entender esto y me ponía muy amargado y enojado con todos y odiaba mi vida aún más.

Me volví muy rebelde e irrespetuoso con mi madre y mis calificaciones escolares cayeron enormemente. Cuanto más trataba de controlar mi temperamento, peor me volvía. Le respondí y hasta le maldije a veces. Ella finalmente sintió que no tenía otra alternativa que tenerme encerrado durante un año en la Prisión Juvenil de McCain. El objetivo era buscar rehabilitación disciplinaria por un año, revaluar y regresar a casa si mejoraba mi comportamiento.

El Alguacil que vino a por mí

Cuando mi madre completó los formularios necesarios para encerrarme, la odié y pensé que era mi peor pesadilla. Yo quería a mi papá pero él se había ido. Ella me restringió y me golpeó con todo lo que pudo y tan duro como pudo cada vez. Mi Pastor el Reverendo Melvin de Freedom Chapel AME Zion Church, el Sr. Livingston Lyons, miembros de mi familia y mi tío James Peterkin le suplicaron que no me enviara. Mamá lo pensó y buscó ayuda en todas las direcciones para salvarme.

Un día tocaron fuertemente la puerta y allí estaba un hombre blanco grande con una brillante insignia de oro en su uniforme. Más tarde descubrí que él era el Alguacil Electo del condado de Hoke, David Barrington. Mientras escuchaba desde la otra habitación, escuché a mi madre contarle lo mal que estaban las cosas conmigo y sintió que yo era una mala influencia para mis otros hermanos y hermanas. El Alguacil Barrington preguntó: "¿Qué quiere ser él cuando crezca?"

Mamá responde: "El piensa que va a ser policía un día, pero con esa actitud va a terminar muerto o en la cárcel".

El Alguacil Barrington le responde rápidamente con una sonrisa, "¿De verdad es lo que él quiere?" El Alguacil luego mira a mi madre y le pregunta si podría enviar a sus ayudantes para que me recojan y me lleven a veces.

Con una voz alegre, ella respondió: "Sí me gustaría que lo hicieran".

El Alguacil Barrington preguntó: "¿Cuál es el nombre de su hijo?"

Ella dijo: "Le decimos Spanky"

Mientras lo llevaba al automóvil todavía recuerdo las ganas y la esperanza de irme lo más lejos posible de allí, incluso si eso significaba prisión. Cuando mi madre regresó a la casa, oí que le decía a mi hermana que el Alguacil no iba a hacer nada. Todo lo que quería era un voto.

Dos semanas más tarde apareció un automóvil afuera de nuestra casa. Un diputado alto blanco llega a la puerta abierta y le pregunta a mi madre: "¿Esta Spanky en casa?"

Mi mamá con mucha sorpresa gritó, "Spanky vente para acá!"

Me acerqué a ella y el diputado extiende su mano y dice: "Hola, mi nombre es el Diputado Alex Norton y vengo a pasar un tiempo contigo".

El Diputado Norton se convirtió en el Alguacil después de que el Alguacil Barrington se retiró. Durante años, el Alguacil Barrington mantuvo su palabra a mi madre y envió a sus ayudantes para que me atendieran. Muchas veces caminaba más de una milla hasta la Oficina del Alguacil y salía con los oficiales. Ellos siempre me dieron la bienvenida. Me encontré en compañía de mi sueño y me encantó. Comenzó a cambiar mi forma de pensar y mi actitud.

Nunca pensé que me sentaría en la silla del Alguacil que vino por mí.

El Alguacil Barrington sirvió como Sheriff del condado de Hoke durante 26 años y fue muy útil para salvar mi vida. En 1987 escribió una carta de recomendación al Departamento de Policía de Fayetteville pidiéndoles que me dieran mi primer empleo como oficial de policía. Aproximadamente 16 años después, en 2002, decidí postularme para la oficina del Alguacil en el condado de Hoke.

Mientras yacía en su lecho de muerte, el Alguacil retirado Barrington me mandó llamar. Visité su casa en Magnolia St. en Raeford. El Alguacil Barrington me dijo lo orgulloso que estaba de mí y que realmente creía que sería elegido Alguacil. Su consejo para mí siempre fue tratar bien a las personas sin importar nada. Ese año murió antes de las elecciones.

Finalmente me di cuenta de que era un joven bendecido y Dios me rodeó con sus ángeles para protegerme y guiarme. Al principio de mi edad, obtuve mi BA. Por favor no piense que estoy hablando del Bachelor of Arts que cuelgas en la pared para que todos lo vean, lo que quiero decir. ¡Nací de nuevo! (Born Again) Acepté mi fe y me rendí. Busqué el favor y el consejo de Dios. Para mí era importante ser el mejor oficial de policía que pudiera ser y me enorgullece mucho poder servir a la gente. Aprendí que el espíritu del verdadero amor, dedicación y compromiso se nota en tus acciones y que la gente realmente puede verlo.

Como agentes del orden público nos enfrentamos a muchas situaciones peligrosas y los oficiales son asesinados todos los días en algún lugar de este mundo durante las paradas de tráfico. **Muchas familias han perdido a sus seres queridos en esta profesión.** Me prometí a mí mismo que moriría o me retiraría en este trabajo porque todo lo que siento y hago viene de mi corazón. **El camino para que yo tenga éxito fue puesto ante mí por tanta gente y como a menudo les digo a los jóvenes: "La oportunidad está ahí para ustedes, pero es totalmente su elección."**

Todo comienza con un sueño.

Mi madre, mi primer amor, no se dio por vencida conmigo. Ella encontró la fuerza y la paciencia para ayudarme a superar y desde entonces no he hecho más que amarla. **Todo el dolor, los desafíos, el sufrimiento, el hambre, los llantos y las ausencias, fueron parte de un plan para crear un oficial que simplemente ama y se preocupa por la gente.**

En 1993, 18 años después, mi esposa Della y yo (antes casarnos) fuimos a la tumba de mi padre. Me puse de rodillas y lo perdoné por todo lo que le había hecho a mi madre, a mi familia y por suicidarse. Mientras lloraba, le prometí que lo haría sentir orgulloso de mi.

A una edad muy joven, papá me dijo que haría grandes cosas en la vida y recordara que tenía la mente de poder hacer lo que yo quisiera. El me dijo que mi mente era mía, propia y no la de nadie más.

Ser elegido como Alguacil nunca estuvo en mi plan. Nunca lo pensé o lo deseé, Dios lo hizo. La Oficina del Alguacil es el mejor trabajo del mundo porque, como Alguacil, se puede influir de muchas maneras en el cambio de muchas vidas.

Cada año, mi maravilloso personal de trabajadores y yo bendecimos a los ciudadanos del condado de Hoke con seguridad, comida, ropa, juguetes, bicicletas, dinero y mucho, mucho más. ¿Suena familiar?

Así que recuerde una cosa, no fueron los tres grados que obtuve lo que me hizo, fue el estado BA.

Acerca del Autor

Hubert A. Peterkin, el alguacil electo del condado de Hoke ubicado en Raeford, Carolina del Norte, es un líder con treinta años de experiencia en el cumplimiento de la ley y es responsable de administrar millones de dólares en el presupuesto del Centro de Detención y la Oficina del Alguacil. Como el Alguacil electo, Peterkin tiene un trabajo desafiante y a la vez gratificante donde su gestión, habilidades de liderazgo y experiencia previa en la aplicación de la ley se han sido utilizadas de manera efectiva. El Alguacil Peterkin obtuvo una Licenciatura en Ciencias en Gobierno y Negocios, de Liberty University, una Maestría en Administración y

Administración Pública de la Universidad de Phoenix. También es Candidato Doctoral para Liderazgo y Gestión Organizacional.

Como oficial condecorado, el Alguacil Peterkin ha sido galardonado dos veces como Ciudadano del año por organizaciones de su comunidad, Premio Humanitario, La llave de la ciudad de Raeford (presentada por el Alcalde de Raeford, John K. McNeill) y la Orden del pino Long Leaf (otorgado por el Gobernador de Carolina del Norte, Pat McCrory), entre muchos otros premios.

El Alguacil Peterkin es cantante, compositor, autor, orador público y asesor. Está casado con la Sra. Della Monroe Peterkin y tiene tres hijos, Antisha Peterkin, LaSwanda Peterkin y Antonio Peterkin. Es miembro de la Iglesia Bautista Misionera Lewis Chapel, dirigida por el reverendo Dr. Christopher Stackhouse Sr.

El Alguacil Peterkin se desempeñó como presidente de la Asociación de Alguaciles de Carolina del Norte 2015-2016, y actualmente se desempeña como Cabeza Administrativa de la Junta Ejecutiva de la Asociación del Alguaciles de Carolina del Norte.

Está disponible para charlas públicas y conferencias profesionales.

Para reservar, puede contactarlo al siguiente número (910)-670-2601.

Facebook: Cómo Detenerse Para La Policía

Linkedin: Hubert Peterkin

Twitter: @hokesheriff

YouTube: Hubert Peterkin

Instagram: sheriff_pete

SnapChat: Daddy Pete

Google Plus: Hubert Peterkin

Sitio Web: www.hubertpeterkin.com

Email: lifematters@hubertpeterkin.com

"Cómo Detenerse Para La Policía" es un producto de Peterkin&**Associates LLC.**

Asuntos Gubernamentales

Preocupaciones gubernamentales nacionales, estatales y locales por la construcción de relaciones de confianza del público y los oficiales de la ley con la comunidad.

En el 2015, el Presidente Obama formó un Equipo de Trabajo sobre Vigilancia del Siglo XXI. En el informe final se hicieron 59 recomendaciones. A continuación se encuentran dos declaraciones del Resumen Ejecutivo:

"La confianza entre las agencias encargadas de hacer cumplir la ley y las personas que protegen y sirven es esencial en una democracia. Es clave para la estabilidad de nuestras comunidades, la integridad de nuestro sistema de justicia penal y la asistencia segura y efectiva de servicios policiales".

"Construir confianza y nutrir la legitimidad de ambos lados divididos el de la policía /y el de los ciudadanos es el principio fundamental que subyace a la naturaleza de las relaciones entre las agencias encargadas de hacer cumplir la ley y las comunidades a las que sirven".

https://cops.usdoj.gov/pdf/taskforce/taskforce _finalreport.pdf

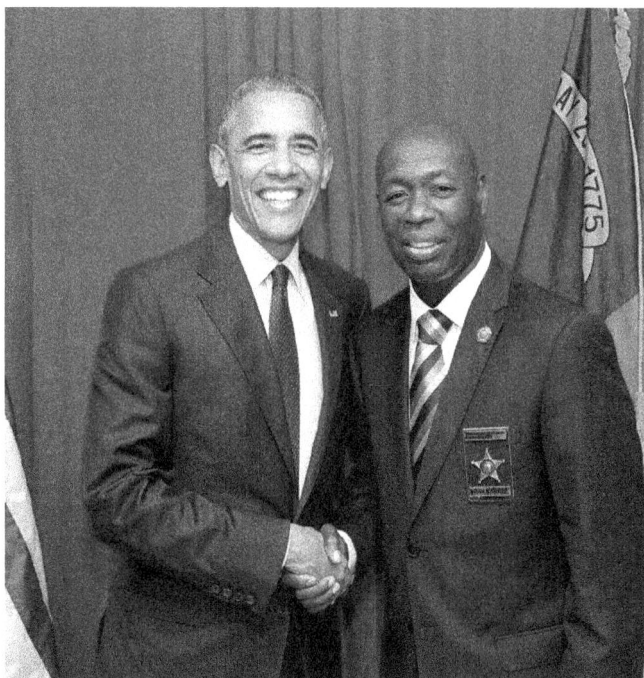

Figura 1 Presidente Obama y Autor

El Gobernador de Carolina del Norte, Roy Cooper, ha expresado preocupaciones por el compromiso y la reconstrucción de las relaciones entre la comunidad y los oficiales de la ley en todo el estado de Carolina del Norte.

Figura 2 Gobernador Roy Cooper y Autor

Figura 3 Fiscal General de EE, UU. Eric Holder (Jubilado), Autor y Gobernador Roy Cooper

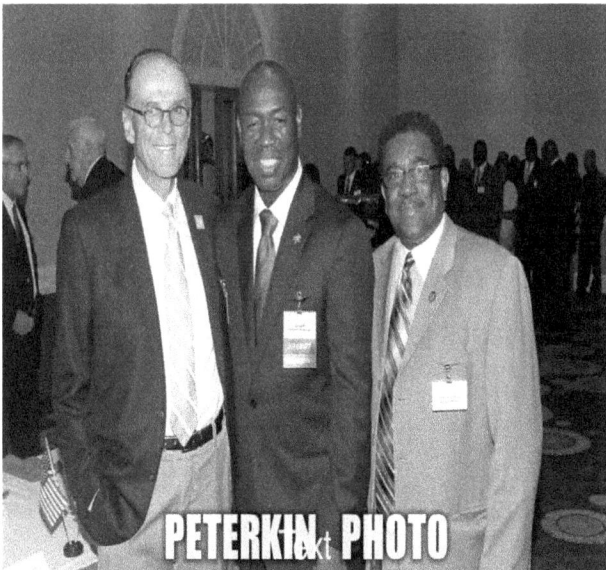

Figure 4 Represenante Ken Goodman, Autor, Representante Garland Pierce

En el estado de Carolina del Norte, el condado de Hoke está representado por dos hombres que han ido más allá del llamado del deber en lo que se refiere a las fuerzas del orden público, las relaciones con la comunidad, la seguridad pública y la seguridad de los oficiales. El Representante de Carolina del Norte, Garland Pierce (Distrito 48) es uno de los líderes del Caucus Negro de Carolina del Norte en la Asamblea General de Carolina del Norte. El Representante Pierce ha planteado iniciativas para mejorar las relaciones entre los oficiales de la ley con la comunidad. Ken Goodman (Representante del Distrito 66) fue el principal patrocinador de Proyecto de ley 21 que coloca una lista de instrucciones sobre qué deben hacer los conductores cuando las autoridades los detienen.

Referencias

Barsade, S., & Gibson, D. (2007). Why does affect matter in organization? *Academy of Management Perspectives, 21*(1), 36-57. doi:10.5465/AMP.2007.24286163

Hoke County Sheriff's Office. (2008). Biased Based Profiling. Retrieved from Hoke County Sheriff's Office, Policy Number 02-11.

Hoke County Sheriff's Office. (2015). Use of Force. Retrieved from Hoke County Sheriff's Office, Policy Number 02-06.

Bouffard, J., & Muftić, L. (2007). An examination of the outcomes of various components of a coordinated community response to domestic violence by male offenders. *Journal of Family Violence, 22*, 353-366. doi:10.1007/s10896-007-9086-y

Carmeli, A., Yitzhak-Halevy, M., & Weisberg, J. (2009). The relationship between emotional intelligence and psychological wellbeing. *Journal of Management and Psychology, 24*(1), 66-78. doi:10.1108/02683940910922546

Chiaburu, D., & Lim, A. (2008). Manager trustworthiness or interactional justice? Predicting organizational citizenship behaviors. *Journal of Business Ethics, 83,* 453-467. doi:10.1007/s10551-007-9631-x

Chopra, P. K., & Kanji, G. K. (2010). Emotional intelligence: A catalyst for inspirational leadership and management excellence. *Total Quality Management & Business Excellence, 21,* 971-1004. doi:10.1080/14783363.2010.487704

Cooley, J. W. (1972). *Police discretion: Law and equity.* University of Ottawa (Canada)). *ProQuest Dissertations and Theses,* , 226. Retrieved from http://search.proquest.com/docview/859468 093?accountid=35812

North Carolina Justice Academy. (2016). Arrest, search and seizure/constitutional law.

Retrieved from North Carolina Justice
Academy, Basic Law Enforcement Training
Manual.

North Carolina Justice Academy. (2014). Ethic for
professional law enforcement. Retrieved
from North Carolina Justice Academy, Basic
Law Enforcement Training Manual.

Final report of the president's task force on 21st
century policing. (2015).Retrieved from
https://cops.usdoj.gov/pdf/taskforce/taskfor
ce_finalreport.pdf

Goleman, D. (1998). *Working with emotional
intelligence.* New York, NY: Bantam Books.

James G. Clawson. (2006). Level Three
Leadership: Getting Below the Surface,
Third Edition. Retrieved from James G.
Clawson, Transformational Leadership and
Innovation website.

Kouzes, J. M. (2003). Business leadership. San
Francisco: Jossey-Bass.

Nonaka, I., & Nishiguchi, T. (Eds.). (2001). *Knowledge emergence: Social, technical, and evolutionary dimensions of knowledge creation.* Oxford, England: Oxford University Press.

Rolls, C. (2007, September 21). Citizens have role to play in reducing crime statistics [Final ed.]. *Cowichan Valley Citizen* [Vancouver Island, British Columbia, Canada], p. 8.

Shooshtarian, Z., Ameli, F., & Lari, M. A. (2013). The effect of labor's emotional intelligence on their job satisfaction, job performance, and commitment. *Iranian Journal of Management Studies, 6*(1), 27-43. Retrieved from http://ijms.ut.ac.ir/pdf_30123_9485b83234c f5d222a0b3aa2b1a99438.html

Trevino, L. K., Brown, M. & Hartman, L. P. (2003). A qualitative investigation of perceived executive ethical leadership: Perceptions from inside and outside the executive suite. *Human Relations 56*(1), 5–37. doi:10.1177/001872670305600

Yocum, R. (2007). *The moderating effects of narcissism on the relationship between emotional intelligence and leadership effectiveness, moral reasoning and managerial trust.* (Doctoral dissertation). Retrieved from http://search.proquest.com/

BUTTERFLY TYPEFACE PUBLISHING

Contact us for all your

publishing & writing needs!

Iris M Williams

PO Box 56193

Little Rock AR 72215

501-823-0574

www.ingramcontent.com/pod-product-compliance
Lightning Source LLC
Chambersburg PA
CBHW050105210326
41519CB00015BA/3837